COVID-19

A Geopolítica da Pandemia

José Ruiz Watzeck

WATZECK HOME STUDIUS DIGITAL

ÍNDICE

Página do título

Direitos autorais

Prefácio   1

Introdução   3

Capítulo 1: Antecedentes Históricos das Pandemias e a Era Moderna   5

Capítulo 2: Emergência do SARS-CoV-2 e a Geopolítica da Resposta Inicial   9

Capítulo 3: Uma Análise Geográfica Profunda   14

Capítulo 4: Desafios da Coordenação Internacional em Saúde durante a Pandemia de COVID-19   16

Capítulo 5: Estratégias de Contenção e Mitigação: Comparando Modelos Nacionais e Globais   18

Capítulo 6: Impactos Econômicos e Desigualdades Sociais: Uma Perspectiva Global   31

Capítulo 7: Poder e Política: Negociações Internacionais em Tempos de Crise   35

Capítulo 8: Segurança Nacional e Pandemias: Implicações para a Defesa   39

Capítulo 9: A Política das Vacinas: Acesso, Distribuição e Diplomacia da Vacina   49

Capítulo 10: Dinâmicas Regionais: Análise Geopolítica das   59

Respostas na América, Europa, Ásia e Áfric

Capítulo 11: Desafios na Governança Global da Saúde: O Papel da OMS e Outras Organizações   65

Capítulo 12: As Narrativas da Pandemia: Mídia, Desinformação e Segurança da Informação   72

Capitulo 13: Desafios Educacionais: Alunos de Escolas Públicas durante a Pandemia   78

Capítulo 14: Migração e Mobilidade: Impactos na Segurança e na Ordem Global   83

Capítulo 15: Resiliência e Preparação para Futuras Pandemias: Lições Aprendidas   85

Capítulo 16: Perspectivas Futuras: Geopolítica da Saúde e o Mundo Pós-COVID-19   87

Capítulo 17: Sustentabilidade e Pandemias: Implicações para a Política Ambiental Global   92

Capítulo 18: Considerações: Lições Geopolíticas da Pandemia de COVID-19   100

Posfácio: Rumo a um Mundo Resiliente   102

Referências Bibliográficas   104

Sobre o autor   109

PREFÁCIO

No final do ano de 2019, o mundo testemunhou o surgimento de um vírus até então desconhecido, desencadeando uma crise global de saúde que transcendeu fronteiras, desafiou políticas e redefiniu relações internacionais. O SARS-CoV-2, como ficou conhecido, propagou-se rapidamente, marcando o epicentro de uma nova era na geopolítica contemporânea.

Este livro é uma jornada através das complexidades e nuances dessa pandemia, desde os primeiros registros em Wuhan, na República Popular da China, até as consequências mais recentes que ecoam em todos os cantos do planeta. Exploraremos as interseções entre a saúde global e a geopolítica, abordando não apenas as estratégias de contenção e mitigação, mas também as implicações econômicas, os desafios na coordenação internacional e as dinâmicas de poder emergentes.

Ao longo das páginas que se seguem, mergulharemos nas implicações econômicas e nas desigualdades sociais agravadas pela crise. Examinaremos as políticas de contenção adotadas por diferentes nações e analisaremos os sucessos e aprendizados. Observaremos a política das vacinas e a emergência de uma nova forma de diplomacia em meio à corrida pela imunização.

Além disso, exploraremos como a pandemia repercutiu nas questões de segurança nacional, reavaliando estratégias de defesa e exigindo uma nova abordagem na governança global da saúde.

Cada capítulo destaca uma faceta distinta dessa complexa teia de desafios e oportunidades, oferecendo um panorama completo da interação entre a saúde global e as dinâmicas geopolíticas em tempos de crise.

Neste livro, buscamos compreender não apenas o que aconteceu, mas também como esses eventos moldaram e continuarão a moldar nosso mundo. Ao fazer isso, esperamos contribuir para um diálogo informado e crítico sobre a resposta global a pandemias, preparando-nos melhor para um futuro que inevitavelmente enfrentará desafios semelhantes.

Que esta obra sirva como um guia na compreensão da interconexão entre a saúde global e a geopolítica, e inspire esforços para um mundo mais resiliente e preparado diante de futuras crises de saúde global.

INTRODUÇÃO

A irrupção do SARS-CoV-2 no final de 2019 sinaliza um marco paradigmático na interseção entre a saúde global e a geopolítica contemporânea. Esta apresentação inaugura nossa incursão analítica nesse contexto singular, desvelando as complexas relações que emergem quando agentes biológicos se entrelaçam com estruturas geopolíticas.

Historicamente, a saúde global é compreendida como um bem público transnacional, transcendendo delimitações territoriais e demandando cooperação internacional. A eclosão da pandemia de COVID-19, entretanto, evidencia nuances latentes, revelando uma tensão palpável entre interesses nacionais e a necessidade imperativa de colaboração multilateral.

A crise suscita indagações pertinentes sobre a capacidade do sistema internacional de responder eficazmente a eventos pandêmicos. Abordagens díspares, variações na capacidade de mobilização de recursos e contrastes na transparência informativa expõem a necessidade premente de estratégias coordenadas e padronizadas. Este desafio, portanto, transcende a esfera meramente sanitária, reverberando nos domínios econômicos, políticos e sociais.

No cerne deste exame, jaz a compreensão das forças geopolíticas que influenciam o manejo da pandemia. Estados, enquanto atores primordiais, têm desempenhado papéis distintos, refletindo suas capacidades, estratégias e orientações ideológicas. O cotejo entre sistemas de governo, a relação entre soberania e interdependência, e as estratégias de comunicação e diplomacia emergem como fatores cruciais que moldam a resposta de nações individuais.

Ao escrutinizar o início da pandemia, desde os primeiros

registros em Wuhan até a declaração de estado de emergência global, almejamos desvelar as complexidades que permeiam o intercâmbio entre saúde global e a arena geopolítica. Esta análise, assim, não só reflete a imperativa necessidade de cooperação entre nações, mas também prenuncia um novo capítulo na dinâmica das relações internacionais contemporâneas.

Dessa forma, esta obra procura estabelecer um arcabouço teórico-conceitual que norteará nossa exploração ulterior. Ademais, busca-se fomentar um entendimento crítico da intricada tessitura que interliga a saúde global e a geopolítica, preparando o terreno para uma exegese aprofundada e multifacetada das ramificações da pandemia de COVID-19.

CAPÍTULO 1: ANTECEDENTES HISTÓRICOS DAS PANDEMIAS E A ERA MODERNA

A compreensão das atuais ramificações da pandemia de COVID-19 requer uma imersão crítica nos recônditos da história, onde as pandemias transcenderam a esfera biológica, influenciando profundamente a tessitura da sociedade humana. Esta incursão no passado pandêmico, longe de ser mera retrospectiva, implica um escrutínio rigoroso dos marcos históricos que delinearam o cenário atual.

Desde tempos imemoriais, a humanidade tem sido intermitentemente assolada por pandemias de proporções monumentais. A Peste Negra, no século XIV, serviu como um solene lembrete da vulnerabilidade humana diante de agentes infecciosos, desencadeando ondas de transformação socioeconômica que ecoam até os dias contemporâneos. A Gripe Espanhola, nas primeiras décadas do século XX, emergiu como uma manifestação irrefutável do potencial devastador de agentes patogênicos em uma era de globalização incipiente.

A interseção entre o avanço da microbiologia e da epidemiologia no final do século XIX e início do século XX catalisou um paradigma inédito no entendimento e na mitigação de pandemias. As contribuições de luminárias como Louis Pasteur e Robert Koch não só fundamentaram os princípios da teoria dos germes, mas também proporcionaram alicerces epistemológicos para a promoção da saúde global e o controle de doenças infecciosas.

A Era Moderna, caracterizada pela consolidação de uma interconexão global sem precedentes, conferiu às pandemias contemporâneas uma dimensão sem paralelos. O estreitamento das distâncias geográficas, potencializado por avanços nos meios de transporte e comunicação, amalgamou populações e culturas de maneiras anteriormente inimagináveis. A urbanização vertiginosa e a ascensão das mega cidades, centros pulsantes de interação humana, assumem protagonismo como epicentros de disseminação de patógenos.

A globalização econômica e as intrincadas cadeias de abastecimento transnacionais, em igual medida, pavimentaram o caminho para uma nova ordem de complexidade na gestão de crises sanitárias. A interdependência entre nações, evidenciada nas conexões econômicas, torna-se tanto um fator atenuante quanto uma fonte potencial de agravamento em meio a uma crise pandêmica de escala global.

Algumas das principais pandemias que marcaram a história da humanidade:

1. Peste de Atenas (430 a.C.): Embora não tenha sido uma pandemia no sentido moderno, a Peste de Atenas durante a Guerra do Peloponeso foi um surto devastador de doença que afetou a cidade-estado de Atenas. Estima-se que tenha causado a morte de até um terço da população, incluindo o líder militar Péricles.

2. Peste Antonina (165-180 d.C.): Esta pandemia foi um surto de varíola, que ocorreu durante o reinado do imperador romano Marco Aurélio, afetou vastas áreas do Império Romano e causou uma alta taxa de mortalidade.

3. Peste Justiniana (541-544 d.C.): Nomeada após o imperador bizantino Justiniano, esta pandemia de peste bubônica assolou o Império Bizantino, o norte da África, o Oriente Médio e partes da Europa, resultando em grandes perdas populacionais.

4. Peste Negra (1347-1351): A Peste Negra é talvez a pandemia mais conhecida da história. Originada na Ásia Central, a doença foi disseminada por pulgas em ratos e afetou a Europa, causando a morte de estimadas 75-200 milhões de pessoas, devastando comunidades e transformando a estrutura social.

5. Gripe Espanhola (1918-1920): Esta foi uma pandemia de influenza H1N1 que afetou uma grande parte do mundo. Com um número estimado de 50 milhões de mortes, foi uma das pandemias mais mortais da história recente. A enfermidade chegou ao Brasil por volta de setembro de 1918 e disseminou-se por importantes centros urbanos, especialmente em Salvador, São Paulo e Rio de Janeiro. São Paulo, por exemplo, possivelmente registrou até 350 mil indivíduos contaminados. Figuras de destaque naquele período foram afetadas, a exemplo de Rodrigues Alves, que havia sido eleito presidente da República em 1918, mas não chegou a assumir o cargo devido ao seu falecimento.

6. Gripe Asiática (1957-1958): Uma pandemia de influenza H2N2 que surgiu na Ásia e se espalhou globalmente, resultando em milhões de mortes.

7. Gripe de Hong Kong (1968-1969): Causada pelo vírus H3N2, esta pandemia também teve um impacto significativo na população global, com milhões de mortes registradas.

8. HIV/AIDS (Década de 1980 até os dias atuais): Embora não seja uma pandemia no sentido clássico, o vírus da imunodeficiência humana (HIV) e a síndrome da imunodeficiência adquirida (AIDS) têm afetado milhões de pessoas em todo o mundo desde o início da epidemia. Cerca de 800 mil pessoas morreram de doenças relacionadas à AIDS em 2022, 29,8 milhões de portadores do vírus estavam recebendo terapia antirretroviral no ano de 2022 e quase 50 milhões de pessoas morreram em decorrência do HIV desde o inicio da epidemia. Globalmente, a prevalência média de infecção por HIV entre a população adulta (idades entre 15-49) era de 0,7%. Entretanto, a prevalência média foi maior entre as populações-chave. Sendo:

- 2,5% entre profissionais do sexo
- 7,5% entre homens gays e homens que fazem sexo com outros homens

- 5% entre pessoas que fazem uso de drogas injetáveis
- 10,3% entre pessoas trans
- 1,4% entre pessoas em privação de liberdade.

9. Gripe H1N1 (2009): Também conhecida como gripe suína, esta pandemia de influenza A (H1N1) originou-se no México e se espalhou globalmente, resultando em um número significativo de casos e mortes.

Essas pandemias, ao longo da história, demonstram não apenas a capacidade dos agentes infecciosos de alterar o curso da humanidade, mas também a resiliência e capacidade de adaptação da sociedade em face desses desafios. Cada uma delas deixou um legado duradouro em termos de impacto social, econômico e político.

CAPÍTULO 2: EMERGÊNCIA DO SARS-COV-2 E A GEOPOLÍTICA DA RESPOSTA INICIAL

A eclosão do SARS-CoV-2 no final de 2019 marcou um ponto de inflexão crucial na convergência da saúde global e as dinâmicas geopolíticas contemporâneas. Este capítulo se dedica a uma análise meticulosa das fases nascentes da pandemia, enraizando-se nas origens do vírus em Wuhan e abrangendo as complexas interações entre atores estatais e transnacionais no período inicial de resposta.

O epicentro inicial da pandemia, na cidade de Wuhan, na província de Hubei, China, não apenas serviu como um marco geográfico tangível, mas também como um microcosmo do entrelaçamento entre sistemas de saúde pública, geografia urbana e a disseminação de doenças infecciosas. A resposta inicial, marcada por desafios na identificação e classificação do vírus, bem como na comunicação eficaz, sinalizou a urgência de uma coordenação internacional efetiva.

A atuação dos atores estatais, desde o governo chinês até os organismos internacionais, expôs tensões latentes entre a necessidade de transparência e a preservação da soberania nacional. A disseminação de informações, a implementação de medidas de contenção e a colaboração científica foram pautadas por complexas considerações geopolíticas, delineando as nuances sutis que moldaram a resposta inicial à pandemia.

Além da esfera governamental, os fluxos de informações e a interconexão global de pessoas e bens desempenharam um papel central na disseminação do vírus para além das fronteiras da China. As estratégias de mitigação, inicialmente heterogêneas entre os Estados, refletiram disparidades no entendimento do risco, na infraestrutura de saúde e nas orientações políticas, delineando os contornos geopolíticos das respostas nacionais.

A cooperação e a competição entre países, no que diz respeito ao acesso a recursos médicos essenciais e à busca pela liderança na pesquisa e desenvolvimento de vacinas, foram elementos fundamentais da resposta inicial à pandemia. Isso não apenas ilustra a dinâmica de poder entre as nações, mas também ressalta a interdependência inextricável entre saúde global e as relações políticas internacionais.

A cronologia dos primeiros casos do surto de COVID-19 em Wuhan, China, constitui um elemento essencial para compreender o surgimento e a disseminação inicial do vírus. Esta cronologia oferece uma narrativa precisa dos estágios iniciais da pandemia e serve como um marco temporal crucial na resposta global à emergência de saúde pública. Abaixo segue uma análise detalhada:

1. Dezembro de 2019:

- 1º de dezembro: Os primeiros casos de uma doença misteriosa são identificados em Wuhan, com pacientes apresentando sintomas de febre, tosse e dificuldades respiratórias.

- 8 de dezembro: Os primeiros casos são associados ao Mercado de Frutos do Mar de Huanan em Wuhan, o que sugere uma possível origem zoonótica da doença.

- 18 de dezembro: Pacientes com sintomas semelhantes são identificados, indicando uma possível transmissão entre humanos.

2. Janeiro de 2020:

- 1º de janeiro: O Mercado de Frutos do Mar de Huanan é fechado pelas autoridades, como parte das medidas de contenção.

- 7 de janeiro: O vírus é identificado como um novo tipo de coronavírus, posteriormente nomeado SARS-CoV-2.

- 11 de janeiro: As primeiras mortes relacionadas à doença são registradas em Wuhan.

- 13 de janeiro: O primeiro caso de COVID-19 é confirmado fora da China, na Tailândia.

- 23 de janeiro: As autoridades chinesas implementam um lockdown em Wuhan e em outras cidades da província de Hubei.

- 30 de janeiro: A Organização Mundial da Saúde (OMS) declara o surto de COVID-19 como uma Emergência de Saúde Pública de Importância Internacional (ESPII).

3. Fevereiro de 2020:

- 11 de fevereiro: A OMS anuncia o nome oficial da doença como COVID-19 (Coronavirus Disease 2019).

- 24 de fevereiro: O surto começa a se expandir significativamente fora da China, especialmente na Itália e em outros países europeus.

4. Março de 2020:

- 11 de março: A OMS declara oficialmente a COVID-19 como uma pandemia global.

- 19 de março: A China anuncia que não foram registrados novos casos locais de COVID-19 em Wuhan.

- 26 de março: Os Estados Unidos tornam-se o país com o maior número de casos confirmados.

5. Abril de 2020:

- 2 de abril: O número global de casos confirmados de COVID-19 ultrapassa 1 milhão.

- 10 de abril: O número global de mortes relacionadas à COVID-19 ultrapassa 100.000.

Esta cronologia, ao delinear os estágios iniciais da pandemia de COVID-19, proporciona um contexto temporal crucial para a análise das respostas governamentais, a disseminação transnacional do vírus e as interações geopolíticas emergentes. Ela também serve como fundamento para avaliações retrospectivas e projeções futuras relacionadas à pandemia.

A identificação do novo coronavírus (SARS-CoV-2) apresentou uma série de desafios significativos durante os estágios iniciais da pandemia. Estes obstáculos abordam tanto questões técnicas quanto logísticas que complicaram a resposta à emergência de saúde global. Vamos contextualizar os principais desafios enfrentados na identificação do vírus:

1. Caracterização de um Novo Agente Patogênico:
   - O SARS-CoV-2 representava um novo tipo de coronavírus, e a identificação e classificação precisa do vírus foram fundamentais para compreender sua natureza, transmissão e potencial impacto na saúde pública.

2. Similaridade com Outros Vírus Coronavírus:
   - O SARS-CoV-2 compartilha semelhanças genéticas com outros coronavírus, como o SARS-CoV e o MERS-CoV. Isso complicou a distinção e a identificação precisa do novo vírus.

3. Desafios na Testagem:
   - A disponibilidade inicial de testes de diagnóstico para a COVID-19 era limitada. A produção em massa de testes confiáveis e a distribuição eficaz foram desafios significativos.

4. Dificuldades na Amostragem:
   - A obtenção de amostras biológicas adequadas para testes, como swabs nasofaríngeos e amostras de escarro, requeria treinamento específico e equipamento de proteção individual (EPI) apropriado.

5. Variação na Gravidade dos Sintomas:
   - A variação na apresentação de sintomas, que ia desde casos

assintomáticos até formas graves da doença, dificultou a triagem e a identificação de pacientes infectados.

6. Dificuldades na Detecção de Casos Assintomáticos:
  - A presença de casos assintomáticos ou com sintomas leves tornava a identificação e isolamento desses indivíduos desafiador, contribuindo para a disseminação silenciosa do vírus.

7. Necessidade de Testes em Escala:
  - A crescente demanda por testes em larga escala, especialmente em áreas com surtos intensos, sobrecarregou os sistemas de saúde e laboratórios.

8. Padronização dos Testes e Protocolos de Diagnóstico:
  - A necessidade de padronização nos protocolos de diagnóstico e testes laboratoriais foi vital para garantir resultados precisos e comparáveis em nível global.

9. Confiabilidade e Sensibilidade dos Testes:
  - A precisão e a sensibilidade dos testes eram cruciais para evitar falsos negativos ou falsos positivos, o que poderia ter sérias implicações para a saúde pública.

Esses desafios na identificação do vírus demonstram a complexidade e a urgência que envolveram os esforços iniciais para conter a disseminação da COVID-19. Superar essas barreiras foi essencial para o desenvolvimento de estratégias eficazes de resposta e controle da pandemia.

CAPÍTULO 3: UMA ANÁLISE GEOGRÁFICA PROFUNDA

A disseminação da COVID-19 transcendeu fronteiras nacionais, revelando uma intricada rede de interações entre fatores geográficos, socioeconômicos e políticos. Esta análise geográfica aprofundada visa desvelar os padrões complexos de difusão da pandemia, destacando hotspots epidemiológicos e os determinantes espaciais que desempenharam um papel crucial na trajetória da doença.

A observação atenta dos padrões de difusão do SARS-CoV-2 revela nuances marcantes. A propagação inicial exibiu uma expansão radial a partir de epicentros primários, seguida de corredores de contágio ao longo de redes de transporte, estabelecendo uma teia de conexões entre áreas urbanas e rurais, bem como entre países e continentes.

A identificação de hotspots epidemiológicos é essencial para compreender a dinâmica de propagação localizada. Essas áreas de alta incidência de casos são influenciadas por uma interação complexa de fatores geográficos e socioeconômicos, como densidade populacional, conectividade de transporte e desigualdades de acesso a cuidados de saúde. A topografia, por exemplo, pode criar bolsões de concentração da doença, enquanto a conectividade viária pode acelerar a disseminação em regiões densamente povoadas.

A aplicação de técnicas geoespaciais no rastreamento de rotas de transmissão, oferece uma visão valiosa das vias de propagação do vírus. Isso inclui não apenas a movimentação humana, mas também a disseminação por meio de cadeias de abastecimento e a migração sazonal, aspectos muitas vezes negligenciados na análise da propagação de doenças infecciosas.

A resposta governamental à pandemia exibiu variações

significativas em escala geográfica. Características locais, infraestrutura de saúde e dinâmicas socioeconômicas desempenharam um papel fundamental na formulação e implementação de medidas de saúde pública. Além disso, a resiliência e vulnerabilidade dos sistemas de saúde locais desempenharam um papel crucial na capacidade de uma região de enfrentar a pressão da pandemia.

Modelos espaciais e estatísticos forneceram um meio essencial para prever tendências e avaliar cenários futuros. Eles permitiram uma abordagem proativa na gestão da pandemia, oferecendo insights valiosos para decisões de políticas públicas e alocando recursos de forma eficiente.

CAPÍTULO 4: DESAFIOS DA COORDENAÇÃO INTERNACIONAL EM SAÚDE DURANTE A PANDEMIA DE COVID-19

A resposta global à pandemia de COVID-19 trouxe à tona uma série de desafios inerentes à coordenação entre nações e organismos internacionais no âmbito da saúde. Este capítulo se propõe a analisar os obstáculos complexos, tanto geográficos quanto geopolíticos, que permeiam a gestão da emergência de saúde pública em escala mundial.

A primeira complexidade reside na intrincada rede de atores envolvidos na resposta à pandemia. Organizações multilaterais como a Organização Mundial da Saúde (OMS), agências de saúde nacionais, organizações não governamentais (ONGs), governos locais e o setor privado formam um tecido interdependente de entidades. A coordenação eficaz entre esses atores requer estratégias sofisticadas de alinhamento e colaboração.

Além disso, o ressurgimento do sovereignismo[1] e o fortalecimento do controle de fronteiras em muitas partes do mundo apresentaram um desafio à colaboração internacional em saúde. Restrições à circulação transnacional de profissionais de saúde e à distribuição de suprimentos médicos fundamentais dificultam a resposta global à pandemia.

A disparidade de recursos entre nações, constituíram outra barreira significativa. Países de economias avançadas e em desenvolvimento enfrentaram realidades distintas em termos de capacidade para lidar com a crise. A falta de acesso a equipamentos médicos e tratamentos adequados em algumas regiões acentua a gravidade da situação.

A distribuição equitativa de vacinas, um componente vital na contenção da pandemia, enfrentaram desafios geográficos e logísticos substanciais. As disparidades de acesso às vacinas entre países desenvolvidos e em desenvolvimento representaram um dilema complexo que impactou diretamente os esforços de imunização em escala global.

Adicionalmente, a logística de distribuição de insumos médicos, como Equipamentos de Proteção Individual (EPIs) e ventiladores, demandou uma coordenação internacional sofisticada. A geografia da oferta e demanda desses recursos exerceram uma influência direta sobre a eficácia da resposta.

Diferenças nas estratégias de contenção adotadas por diferentes países também afetam a coordenação internacional. Políticas variáveis de distanciamento social, testagem e quarentena influenciaram a dinâmica global da pandemia, o que exigiu uma abordagem flexível e adaptável.

A comunicação eficaz e o compartilhamento transparente de informações desempenharam um papel crucial na coordenação internacional. Barreiras linguísticas e políticas de comunicação divergentes entre nações podem dificultar a troca de conhecimento e melhores práticas, demonstrando a necessidade de mecanismos de comunicação mais robustos.

Por fim, as dinâmicas geopolíticas, como rivalidades entre grandes potências e a competição por recursos médicos, exercem um papel crucial na coordenação internacional em saúde. Tensões políticas podem influenciar a alocação de recursos e a colaboração entre nações, tornando imperativo o entendimento dessas nuances geopolíticas na gestão da crise sanitária global.

CAPÍTULO 5: ESTRATÉGIAS DE CONTENÇÃO E MITIGAÇÃO: COMPARANDO MODELOS NACIONAIS E GLOBAIS

A resposta à pandemia de COVID-19 desencadeou uma ampla gama de abordagens por parte das nações, revelando diferenças significativas nos modelos de contenção e mitigação adotados. Neste capítulo, dedicamo-nos a uma análise rigorosa e comparativa dessas estratégias, destacando as variáveis geográficas, políticas e socioeconômicas que moldaram os resultados observados.

As estratégias de bloqueio e distanciamento social, como pilares fundamentais da resposta, variaram consideravelmente entre os países. Enquanto algumas nações optaram por lockdowns rigorosos, outras adotaram abordagens mais flexíveis, levando em conta fatores como a densidade populacional, estrutura urbana e capacidade socioeconômica para a implementação dessas medidas.

A testagem em massa e o rastreamento de contatos representaram estratégias cruciais na contenção da pandemia. Contudo, a eficácia dessas práticas foi influenciada por fatores como a infraestrutura de saúde, capacidade de testagem e aceitação cultural. Essa diversidade nas abordagens nacionais resultou em distintos níveis de sucesso na contenção do vírus.

Outro aspecto crucial foi a política relativa ao uso de máscaras e Equipamentos de Proteção Individual (EPIs). A adoção e aderência a essas medidas foram influenciadas por uma interação complexa de fatores culturais, políticos e disponibilidade de recursos. A geografia da disseminação do vírus também teve um papel importante na determinação da necessidade e eficácia dessas estratégias.

A implementação de educação e trabalho remoto representou um componente significativo das estratégias de contenção. No entanto, a viabilidade dessas práticas foi influenciada pela infraestrutura tecnológica, desigualdades digitais e a natureza da economia de cada país. Além disso, a dispersão populacional e a distribuição geográfica da força de trabalho tiveram um impacto direto na aplicabilidade dessas medidas.

As restrições de viagens e o controle de fronteiras foram implementados de forma diversificada, refletindo as realidades geopolíticas e as características de conectividade internacional de cada nação. Países com extensas fronteiras terrestres enfrentaram desafios distintos em comparação com nações insulares ou altamente conectadas, evidenciando as influências geográficas sobre tais estratégias.

No contexto das estratégias de contenção e mitigação diante da pandemia de COVID-19, o Brasil apresentou uma abordagem singular, marcada por uma série de desafios e particularidades, a nação foi influenciada pela postura adotada pelo presidente Jair Bolsonaro. Suas políticas e declarações desempenharam um papel significativo na forma como o país enfrentou a crise sanitária. Outro fator relevante, foi os diferentes aspectos geográficos, políticos e socioeconômicos que influenciaram a resposta do país à crise sanitária.

1. Estratégias de Bloqueio e Distanciamento Social:
O Brasil experimentou uma variedade de abordagens em relação a lockdowns e distanciamento social. Houve uma divergência significativa entre as respostas adotadas pelos estados e municípios, refletindo as disparidades geográficas e a autonomia política em níveis subnacionais. A efetividade dessas medidas foi variável, influenciada pela densidade populacional, estrutura urbana e capacidade de adesão da população.

2. Testagem em Massa e Rastreamento de Contatos:
A testagem em massa e o rastreamento de contatos enfrentaram

desafios no Brasil, principalmente devido à extensão territorial e à complexa infraestrutura de saúde. Dificuldades logísticas e limitações na capacidade de testagem afetaram a capacidade do país de implementar essas estratégias de forma abrangente.

3. Uso de Máscaras e Equipamentos de Proteção Individual (EPIs):

A política em relação ao uso de máscaras e EPIs foi objeto de debates e variações ao longo do tempo. Fatores como a aceitação cultural e a disponibilidade de recursos influenciaram a aderência a essas medidas, com diferentes resultados em diferentes regiões geográficas do país.

4. Educação e Trabalho Remoto:

A implementação de educação e trabalho remoto no Brasil foi influenciada pela infraestrutura tecnológica e pelas desigualdades digitais que afetam diferentes áreas do país. Regiões menos desenvolvidas ou com acesso limitado à internet enfrentaram maiores desafios na adoção dessas práticas, trataremos mais a frente sobre este assunto específico.

5. Restrições de Viagens e Controle de Fronteiras:

O Brasil enfrentou desafios na implementação de restrições de viagens e no controle de suas vastas fronteiras terrestres, especialmente dada a extensão geográfica do país. A coordenação e o monitoramento eficazes em tais contextos, representaram desafios adicionais, algumas regiões foram aplicadas de forma austera e outras não havia acompanhamento necessário.

6. Vacinação e Distribuição de Imunizantes:

A campanha de vacinação no Brasil foi influenciada por fatores geográficos, como a necessidade de alcançar áreas remotas e comunidades isoladas. A distribuição equitativa das vacinas em um país de dimensões continentais apresentou desafios logísticos significativos, outro problema enfrentado pelo país, foi a negação por partes dos governos, assunto que discutiremos em capítulos a frente.

7. Coordenação Interdepartamental e Governança:
A coordenação entre os diferentes níveis de governo no Brasil foi um ponto de destaque. A interação entre o governo federal, os estados e os municípios influenciou a consistência e a eficácia das estratégias implementadas.

A resposta dos Estados Unidos da América à pandemia de COVID-19, foi notavelmente influenciada pela administração do presidente Donald Trump. Suas políticas e orientações desempenharam um papel significativo na forma como o país abordou a crise sanitária.

1. Estratégias de Bloqueio e Distanciamento Social:
A administração Trump enfatizou a autonomia dos estados na decisão de implementar medidas de bloqueio e distanciamento social. O governo federal forneceu orientações gerais, mas deixou grande parte da responsabilidade nas mãos dos governadores estaduais. Essa abordagem descentralizada levou a uma variação considerável nas estratégias adotadas em todo o país.

2. Testagem em Massa e Rastreamento de Contatos:
A administração Trump enfrentou críticas quanto à disponibilidade inicial de testes e à capacidade de rastreamento de contatos. A resposta inicial foi marcada por desafios logísticos e escassez de recursos, o que impactou a capacidade de implementar essas estratégias de forma abrangente.

3. Uso de Máscaras e Equipamentos de Proteção Individual (EPIs):
A questão do uso de máscaras tornou-se politizada durante a administração Trump. O presidente, em alguns momentos, expressou reservas em relação ao uso generalizado de máscaras, o que influenciou a adesão a essas medidas em diferentes partes do país.

4. Educação e Trabalho Remoto:

A administração Trump defendeu uma abordagem de retorno às aulas presenciais, destacando a importância da educação presencial para as crianças. Isso influenciou as políticas adotadas em níveis estadual e local em relação à educação e ao trabalho remoto.

5. Restrições de Viagens e Controle de Fronteiras:

A administração Trump implementou restrições de viagens em resposta à pandemia, suspendendo temporariamente a entrada de estrangeiros de certas regiões afetadas. O controle de fronteiras e as políticas de imigração desempenharam um papel na resposta do país à crise sanitária.

6. Vacinação e Distribuição de Imunizantes:

A administração Trump lançou o programa "Operation Warp Speed" para acelerar o desenvolvimento e distribuição de vacinas. Essa iniciativa teve um impacto significativo na disponibilidade e distribuição das vacinas nos Estados Unidos.

7. Coordenação Interdepartamental e Governança:

A coordenação entre o governo federal e os estados foi um ponto de destaque durante a administração Trump. As relações entre o governo federal e os governadores estaduais muitas vezes refletiram a polarização política que caracterizou o período.

A política da administração Trump teve um impacto profundo na resposta dos Estados Unidos à pandemia de COVID-19. A abordagem descentralizada e a polarização política foram características proeminentes da resposta do país à crise sanitária durante esse período.

A resposta da União Europeia à pandemia de COVID-19 foi marcada por uma combinação de esforços coordenados a nível supranacional e ações individuais de seus Estados-membros. Cada país enfrentou desafios distintos, influenciados por fatores geográficos, socioeconômicos e políticos.

Já a União Europeia, desempenhou um papel crucial na coordenação da resposta à pandemia. Iniciativas como o Programa Conjunto de Compras de Vacinas e o estabelecimento de um Certificado Digital COVID-19, demonstraram esforços de colaboração para lidar com a crise sanitária em escala continental. No entanto, a UE também teve que lidar com desafios como a distribuição equitativa de vacinas e a coordenação entre seus membros.

Alemanha:

A Alemanha foi elogiada por sua resposta eficaz à pandemia, combinando uma infraestrutura de saúde robusta com medidas de bloqueio e distanciamento social bem coordenadas. A capacidade de teste e rastreamento de contatos foi um dos pontos fortes do país na contenção do vírus.

França:

A França enfrentou desafios significativos devido à alta densidade populacional em centros urbanos como Paris. O país implementou bloqueios rigorosos em diferentes fases da pandemia, focando na proteção dos sistemas de saúde e na prevenção de surtos.

Itália:

A Itália foi um dos primeiros países europeus a ser gravemente afetado pela pandemia. O país enfrentou desafios significativos na gestão da pressão sobre seu sistema de saúde. Medidas rigorosas foram implementadas, incluindo bloqueios nacionais e restrições de viagens.

Espanha:

A Espanha também foi duramente atingida, principalmente em centros urbanos como Madrid. O país implementou medidas de bloqueio e distanciamento social, com foco na contenção da propagação do vírus em áreas mais afetadas.

Países Baixos:

Os Países Baixos adotaram uma abordagem mais liberal no início da pandemia, priorizando a imunidade coletiva. No entanto, diante da pressão sobre o sistema de saúde, o país teve que reavaliar suas estratégias e implementar medidas mais restritivas.

Suécia:

A Suécia adotou uma abordagem única, optando por não implementar bloqueios rígidos e focando em medidas voluntárias de distanciamento social. Isso gerou debates sobre a eficácia dessa estratégia e seus impactos a longo prazo.

Em suma, a União Europeia e seus Estados-membros responderam à pandemia de COVID-19 com uma variedade de estratégias, influenciadas por fatores geográficos, políticos e socioeconômicos. Cada país enfrentou desafios distintos, e as lições aprendidas durante a crise sanitária têm servido como base para futuras preparações e respostas a crises de saúde pública.

O continente africano enfrentou a pandemia de COVID-19 com uma série de desafios e abordagens distintas, influenciados por fatores geográficos, demográficos e socioeconômicos únicos. Abaixo, destacamos a resposta de alguns dos principais países africanos:

África do Sul:

A África do Sul foi um dos países mais impactados pela pandemia no continente africano. O país implementou bloqueios rigorosos e restrições de viagem, enfrentando desafios significativos devido à densidade populacional em áreas urbanas como Joanesburgo e Cidade do Cabo. O sistema de saúde sul-africano também enfrentou pressões consideráveis durante o pico da pandemia.

Nigéria:

A Nigéria adotou medidas de bloqueio e distanciamento social para conter a propagação do vírus. No entanto, o país enfrentou desafios na implementação efetiva dessas medidas, especialmente em áreas densamente povoadas como Lagos.

Quênia:

O Quênia implementou medidas rigorosas de bloqueio e restrições de viagem, e também adotou estratégias como o rastreamento de contatos para conter a disseminação do vírus. A resposta do Quênia foi influenciada por fatores como a infraestrutura de saúde e a mobilidade da população.

Etiópia:

A Etiópia enfrentou desafios na resposta à pandemia, especialmente em áreas urbanas como a capital, Adis Abeba. O país adotou medidas como o uso de máscaras e distanciamento social, mas também enfrentou desafios logísticos na implementação eficaz dessas estratégias.

Marrocos:

Marrocos foi um dos primeiros países africanos a impor medidas rigorosas de bloqueio e distanciamento social. O país também investiu em testagem em massa e rastreamento de contatos para conter a propagação do vírus.

Egito:

O Egito enfrentou desafios na gestão da pandemia devido à densidade populacional em áreas urbanas como Cairo. O país implementou medidas como o uso de máscaras e distanciamento social, mas também enfrentou desafios na aplicação eficaz dessas estratégias.

Senegal:

O Senegal adotou medidas de bloqueio e distanciamento social, com um foco particular na educação e conscientização da população sobre as práticas de prevenção. O país também investiu em testagem em massa e rastreamento de contatos.

A Índia, como uma das nações mais populosas do mundo, enfrentou desafios significativos na gestão da pandemia de

COVID-19. A resposta do país foi influenciada por uma combinação de fatores geográficos, socioeconômicos e de infraestrutura de saúde.

Bloqueios e Restrições:

A Índia implementou uma das maiores e mais rigorosas operações de bloqueio do mundo durante os estágios iniciais da pandemia. O governo indiano adotou medidas drásticas para conter a disseminação do vírus, incluindo a imposição de um bloqueio nacional, restrições de viagens e fechamento de fronteiras estaduais.

Desafios Urbanos:

A Índia possui várias cidades densamente povoadas, como Mumbai e Nova Delhi, o que representou um desafio significativo na aplicação eficaz das medidas de distanciamento social. O controle da propagação do vírus em áreas urbanas congestionadas foi uma prioridade crucial.

Sistema de Saúde Sob Pressão:

O sistema de saúde indiano enfrentou pressões imensas durante a pandemia, especialmente nas cidades mais afetadas. A disponibilidade de leitos, ventiladores e equipamentos de proteção pessoal foi uma preocupação constante.

Desafios de Testagem:

A Índia enfrentou desafios na capacidade de testagem em massa, especialmente durante os estágios iniciais da pandemia. A infraestrutura de saúde e os recursos limitados afetaram a velocidade e a abrangência dos testes.

Campanha de Vacinação:

A Índia desempenhou um papel crucial na produção e distribuição de vacinas contra a COVID-19, tanto para o consumo interno quanto para fornecer doses a outros países. A campanha de vacinação em larga escala foi um componente fundamental na resposta à pandemia.

Desafios Rurais:
Além das áreas urbanas, a Índia enfrentou desafios na disseminação do vírus em áreas rurais e remotas. A infraestrutura de saúde nessas regiões e a acessibilidade aos serviços de saúde foram pontos de preocupação para o governo.

Resiliência e Adaptação:
A Índia demonstrou notável resiliência ao enfrentar a pandemia. A rápida adaptação a medidas como o uso generalizado de máscaras e o distanciamento social foi observada em toda a população.

A Índia enfrentou a pandemia de COVID-19 com uma combinação de medidas rigorosas e desafios inerentes à sua vasta população e infraestrutura de saúde. A resposta do país destacou a importância da coordenação entre autoridades governamentais, mobilização da comunidade e a necessidade de uma abordagem adaptável para enfrentar crises de saúde pública em escala nacional.

Na Rússia, o enfrentamento a pandemia de COVID-19 foi uma combinação de medidas de saúde pública e desafios específicos relacionados à sua vasta extensão territorial e densidade populacional concentrada em grandes centros urbanos. Abaixo, destacamos a resposta Russa, bem como a situação nas maiores cidades.

O país implementou medidas como bloqueios, restrições de viagem e a obrigatoriedade do uso de máscaras em espaços públicos. No entanto, o vasto território russo e as disparidades socioeconômicas entre as regiões representaram desafios únicos na implementação eficaz dessas medidas. O país também investiu na produção e distribuição de vacinas, contribuindo para a campanha de vacinação em larga escala.

Moscou, como a capital e a cidade mais populosa da Rússia,

enfrentou desafios significativos na gestão da pandemia. A densidade populacional e o alto número de casos na cidade, exigiram a implementação de medidas mais rigorosas, incluindo bloqueios e restrições de movimentação.

São Petersburgo, a segunda maior cidade da Rússia, também foi afetada pela pandemia. A cidade implementou medidas semelhantes a Moscou, com foco na proteção da saúde pública e na contenção da propagação do vírus.

Regiões mais remotas da Rússia enfrentaram desafios distintos, incluindo a disponibilidade limitada de recursos de saúde e infraestrutura. A extensa geografia russa influenciou a capacidade de resposta e a implementação eficaz de medidas de saúde pública nessas áreas.

A Rússia desenvolveu e produziu suas próprias vacinas contra a COVID-19, incluindo a Sputnik V. A campanha de vacinação foi uma parte central da resposta do país à pandemia, visando imunizar a população e conter a propagação do vírus.

A economia russa também enfrentou desafios durante a pandemia, especialmente devido à queda nos preços do petróleo e às sanções internacionais.

Resumidamente, a Rússia enfrentou a pandemia de COVID-19 com uma combinação de medidas de saúde pública, considerações econômicas e desafios específicos relacionados à sua vasta extensão territorial.

A China desempenhou um papel central na resposta global à pandemia de COVID-19, dada a sua posição como o primeiro país a enfrentar o surto do vírus. Sua resposta foi caracterizada por uma combinação de medidas rigorosas, coordenação governamental eficaz e investimento significativo em pesquisa e desenvolvimento de vacinas.

A China implementou medidas draconianas, incluindo bloqueios rigorosos e quarentenas em larga escala nas áreas mais afetadas, como Wuhan, onde o surto teve início. Essas ações iniciais foram fundamentais para conter a disseminação do vírus no país.

O país foi rápido em mobilizar recursos para pesquisa e desenvolvimento de vacinas contra a COVID-19. A nação desempenhou um papel significativo na produção e distribuição de vacinas, tanto para uso doméstico quanto para fornecimento a outros países.

Também implementou um sistema de monitoramento e rastreamento de contatos eficaz, que envolveu o uso extensivo de tecnologia de vigilância, aplicativos móveis e protocolos de rastreamento para identificar e isolar casos positivos.

Após um período inicial de sucesso na contenção, a China enfrentou desafios com a recorrência de surtos localizados, incluindo o ressurgimento do vírus em Wuhan e em outras partes do país. Isso exigiu respostas rápidas e medidas adicionais de contenção.

Aplicou restrições de viagem e controle de fronteiras para conter a propagação do vírus. Isso incluiu a imposição de quarentenas para viajantes internacionais e a suspensão temporária de voos de e para certos países.

A resposta chinesa também foi moldada por dinâmicas geopolíticas e desafios na cooperação internacional, especialmente em relação à investigação das origens do vírus.

Por fim, a coordenação interdepartamental e a governança eficaz, foram fatores determinantes na eficácia das estratégias de contenção. A colaboração entre diferentes órgãos governamentais e níveis de governo foi crucial para garantir uma resposta coesa e coordenada à pandemia em escala global.

A análise comparativa dessas estratégias proporciona uma visão aprofundada das complexas interações entre variáveis geográficas, políticas e socioeconômicas na resposta à pandemia de COVID-19. Compreender essas nuances é essencial para informar futuras respostas a crises de saúde pública em escala global.

CAPÍTULO 6: IMPACTOS ECONÔMICOS E DESIGUALDADES SOCIAIS: UMA PERSPECTIVA GLOBAL

A pandemia de COVID-19 não apenas representou uma crise de saúde global, mas também teve repercussões profundas nas economias de todo o mundo. Esta seção analisa o impacto econômico e as disparidades sociais resultantes da pandemia, abordando uma perspectiva global sobre as transformações socioeconômicas desencadeadas pelo surto do vírus.

1. Choque Econômico e Setores Mais Atingidos:

A pandemia precipitou um choque econômico sem precedentes, com uma queda abrupta na atividade econômica em muitos países. Setores como turismo, hospitalidade e aviação foram particularmente afetados devido às restrições de mobilidade e às mudanças nos padrões de consumo. Durante os estágios iniciais da pandemia, o tráfego de passageiros em voos comerciais diminuiu drasticamente. Por exemplo, em abril de 2020, a International Air Transport Association (IATA) Associação Internacional de Transporte Aéreo relatou uma queda de 94,3% no tráfego internacional de passageiros em comparação ao ano anterior.

Além da aviação, diversos outros setores foram significativamente afetados pelo choque econômico desencadeado pela pandemia de COVID-19. Abaixo, discuto alguns desses setores e os impactos que enfrentaram:

2. Turismo e Hospitalidade:

O setor de turismo e hospitalidade foi um dos mais gravemente afetados. Com restrições de viagem e lockdowns em vigor, hotéis, restaurantes, agências de viagens e atividades turísticas viram uma queda dramática na demanda. Muitos negócios enfrentaram fechamentos temporários ou permanentes, resultando em perdas substanciais de empregos.

3. Varejo Físico:

O varejo físico, especialmente lojas de vestuário, calçados e lojas de departamento, enfrentou desafios significativos devido ao fechamento de estabelecimentos e à mudança nos padrões de consumo. Lojas que não tinham uma presença forte online ou uma estratégia de comércio eletrônico bem estabelecida foram particularmente afetadas.

4. Entretenimento e Eventos Ao Vivo:

Indústrias ligadas a entretenimento ao vivo, como cinemas, teatros, casas de shows e eventos esportivos, tiveram que lidar com cancelamentos em massa e a impossibilidade de realizar eventos com grandes plateias. Isso resultou em perdas substanciais de receitas e empregos.

5. Setor Automotivo:

A indústria automotiva enfrentou desafios devido à interrupção nas cadeias de suprimentos globais e à queda na demanda por veículos novos. As restrições de mobilidade também afetaram a venda de automóveis, resultando em uma diminuição da produção e vendas.

6. Energia e Petróleo:

A demanda global por energia, especialmente combustíveis fósseis, diminuiu devido à desaceleração econômica resultante da pandemia. Isso teve um impacto negativo nas indústrias de petróleo e gás, levando a uma queda nos preços do petróleo e à redução da produção em muitos países.

7. Moda e Luxo:

A indústria da moda e do luxo enfrentou desafios devido à mudança nos padrões de consumo e à diminuição da demanda por produtos não essenciais. Muitas marcas tiveram que se adaptar rapidamente às novas realidades do mercado.

Esses setores representam apenas algumas das muitas indústrias afetadas pelo impacto econômico da pandemia de COVID-19. As consequências variaram entre os países e dependem, em grande parte, da eficácia das medidas de contenção adotadas e da capacidade de adaptação e inovação dos negócios dentro desses setores.

8. Desemprego e Precariedade Laboral:

O fechamento de empresas e a redução da atividade econômica levaram a uma onda de desemprego em muitos setores. Trabalhadores informais e de baixa renda foram especialmente afetados, enfrentando a incerteza sobre seus meios de subsistência e acesso limitado a benefícios sociais. Muitos trabalhadores desistiram de procurar emprego devido à falta de oportunidades ou à dificuldade de encontrar trabalho durante a pandemia. Isso levou a uma queda na taxa de participação na força de trabalho em países pobres como o Brasil. Um outro fator, foi a importância de desenvolver habilidades adaptáveis para se manter relevante no mercado de trabalho em rápida evolução. A reskilling (adquirir novas habilidades para uma nova profissão) e a upskilling (aperfeiçoar habilidades existentes) tornaram-se essenciais para muitos trabalhadores manter seus empregos.

9. Desigualdades Sociais Amplificadas:

A pandemia exacerbou as desigualdades sociais preexistentes, ampliando a lacuna entre os estratos sociais. Comunidades marginalizadas, incluindo grupos étnicos minoritários e populações de baixa renda, enfrentaram um fardo desproporcional em termos de impacto econômico e acesso a cuidados de saúde adequados.

10. Resposta Governamental e Estímulos Econômicos:

Muitos governos implementaram programas de estímulo econômico para mitigar os efeitos adversos da pandemia. Estes incluíram pacotes de auxílio financeiro, subsídios para empresas e medidas de proteção do emprego. No entanto, a eficácia dessas políticas variou significativamente entre os países.

11. Desafios na Recuperação Econômica Sustentável:

A pandemia destacou a necessidade de uma recuperação econômica que não apenas restaure o crescimento, mas também promova a resiliência e a sustentabilidade. Questões como a transição para uma economia de baixo carbono e a promoção da igualdade de gênero foram colocadas no centro das discussões sobre recuperação pós-pandemia.

12. Impactos Regionais e Divergências Globais:

Dentro desta perspectiva global, é evidente que o impacto econômico da pandemia variou consideravelmente entre regiões e países. Economias em desenvolvimento e emergentes enfrentaram desafios distintos em comparação com economias avançadas, destacando a necessidade de abordagens diferenciadas na recuperação.

13. Lições Aprendidas e Resiliência Futura:

A COVID-19 ressaltou a importância de políticas econômicas flexíveis e da construção de sistemas sociais robustos para enfrentar crises globais. Lições sobre a importância da preparação, coordenação internacional e investimento em infraestrutura essencial serão fundamentais na promoção da resiliência para futuras emergências.

Neste contexto, este capítulo buscou fornecer uma análise do impacto econômico da pandemia de COVID-19 e das implicações sociais resultantes das transformações econômicas observadas em escala global. A compreensão desses aspectos é crucial para orientar estratégias eficazes de recuperação e para moldar políticas que visem a promoção de sociedades mais equitativas e resilientes no futuro.

CAPÍTULO 7: PODER E POLÍTICA: NEGOCIAÇÕES INTERNACIONAIS EM TEMPOS DE CRISE

A pandemia de COVID-19, além de seu impacto sanitário e econômico, instaurou complexas dinâmicas políticas e negociações internacionais. Este capítulo empreende uma análise abrangente da interseção entre o poder político e as relações internacionais em meio a uma crise de magnitude global, enfatizando os desafios e as estratégias implementadas por atores tanto estatais quanto não-estatais.

A Geopolítica da Saúde Global surge como um componente essencial nesse cenário. A resposta à pandemia revelou a intricada interconexão entre saúde global e as dinâmicas geopolíticas. Países e organizações internacionais viram-se imersos em intricadas negociações acerca do compartilhamento de recursos, distribuição de vacinas e a imprescindível coordenação de esforços de contenção.

A Diplomacia da Saúde emergiu como uma ferramenta crucial nesse contexto. A crise sanitária impulsionou a diplomacia para o centro do palco, com os países utilizando-a para negociar acordos de cooperação, assegurar o acesso a insumos médicos essenciais e estabelecer protocolos internacionais de saúde.

No entanto, junto com a cooperação, surgiram Conflitos de Interesses e a manifestação de um Nacionalismo Sanitário. Algumas nações adotaram abordagens nacionalistas na busca por recursos escassos, como equipamentos de proteção individual e vacinas, levantando sérias questões sobre a equidade no acesso aos recursos de saúde. Países que adotaram abordagens de nacionalismo sanitário durante a pandemia de COVID-19, priorizando o atendimento de suas necessidades internas em detrimento da cooperação global. Alguns exemplos notáveis incluem:

1. Estados Unidos: O governo dos Estados Unidos implementou políticas de "América Primeiro" em relação ao fornecimento de equipamentos médicos essenciais, como máscaras e respiradores, inicialmente restringindo a exportação desses itens para garantir a disponibilidade doméstica.

2. A Rússia focou inicialmente na produção e distribuição de sua própria vacina, a *Sputnik V*, para atender à demanda interna antes de considerar acordos de exportação em larga escala.

3. A Índia, um dos maiores produtores mundiais de vacinas, inicialmente restringiu as exportações para garantir suprimentos suficientes para sua própria população. No entanto, posteriormente, o país mudou sua postura para apoiar a vacinação global.

4. Durante os estágios iniciais da vacinação, a União Europeia implementou medidas para garantir que as vacinas produzidas em seu território fossem alocadas prioritariamente para os Estados-membros antes de considerar exportações para outros países.

Esses exemplos ilustram como, em alguns casos, os interesses nacionais foram colocados em primeiro plano, levando a políticas que priorizavam a segurança sanitária interna sobre a cooperação global. No entanto, é importante notar que ao longo da pandemia, muitos países também trabalharam para colaborar e compartilhar recursos, especialmente no que diz respeito à distribuição de vacinas e ajuda humanitária.

As Organizações Internacionais e a Cooperação Multilateral desempenharam papéis centrais na coordenação e aconselhamento durante a crise. Contudo, desafios na colaboração multilateral foram evidenciados, enfatizando a necessidade premente de reformas e do fortalecimento das instituições globais de saúde.

A Diplomacia de Vacinas, por sua vez, emergiu como um ponto focal de discussão global. A corrida pelo desenvolvimento e distribuição de vacinas contra a COVID-19, ilustrou vividamente a interseção entre ciência, política e interesses comerciais. Negociações sobre o acesso às vacinas, transferência de tecnologia e questões de propriedade intelectual tornaram-se temas centrais nessas discussões.

A pandemia trouxe à tona os Desafios na Coordenação Internacional em Saúde. Diferenças nas abordagens de contenção, na comunicação e no compartilhamento de dados entre nações foram evidentes. A ausência de uma resposta global coordenada exacerbou disparidades na gestão da crise.

Por fim, as implicações para a Ordem Mundial são inegáveis. A resposta à pandemia deixou uma marca indelével, influenciando a percepção de liderança global, a confiança em instituições internacionais e as dinâmicas de poder entre nações. A ordem mundial, também conhecida como ordem internacional, refere-se à configuração e ao equilíbrio das relações entre os diferentes atores internacionais, como Estados, organizações internacionais, grupos econômicos e outras entidades que participam das interações mundiais. Ela é moldada por uma série de fatores, incluindo interesses nacionais, ideologias, alianças políticas e econômicas, além de dinâmicas de poder.
1. Mudanças na Percepção de Liderança Global: A forma como diferentes países lidaram com a pandemia influenciou a percepção de liderança global. Nações que demonstraram eficácia na gestão da crise foram muitas vezes vistas como líderes confiáveis e capazes de mobilizar recursos e coordenar ações globais.

2. Desafios para Instituições Internacionais: Organizações como a Organização Mundial da Saúde (OMS) e outras agências de saúde enfrentaram desafios na coordenação de esforços e na implementação de medidas globais eficazes. A pandemia destacou a necessidade de reformas e fortalecimento das instituições

internacionais.

3. Dinâmicas de Poder e Influência: Alguns países viram na pandemia uma oportunidade para fortalecer sua influência global. A produção e distribuição de recursos essenciais, como equipamentos médicos e vacinas, tornaram-se um meio de exercer influência e solidificar relações bilaterais e multilaterais.

4. Cooperação e Tensões Internacionais: A pandemia expôs tanto a capacidade de cooperação entre países como as tensões e divergências em questões de saúde global.

5. Efeitos na Economia Global: A pandemia teve profundos impactos econômicos em escala global, afetando a dinâmica das relações comerciais, as cadeias de suprimentos globais e a distribuição de recursos econômicos entre os Estados.

6. Aceleração de Tendências Pré-existentes: A pandemia acelerou e intensificou tendências já em curso, como o surgimento de novas potências econômicas e a reconfiguração das alianças políticas.

Este capítulo se propõe a realizar uma análise aprofundada e crítica da complexa interação entre o poder político e as negociações internacionais em face da pandemia de COVID-19. Ao examinar as estratégias adotadas por atores estatais e não-estatais, bem como os desafios enfrentados na coordenação global, busca-se compreender as implicações de longo alcance para a geopolítica e a governança global em um contexto de crise sanitária sem precedentes.

CAPÍTULO 8: SEGURANÇA NACIONAL E PANDEMIAS: IMPLICAÇÕES PARA A DEFESA

A pandemia de COVID-19 trouxe à tona uma nova perspectiva sobre a segurança nacional, expandindo o escopo tradicionalmente centrado em ameaças militares para incluir ameaças de origem biológica. Este capítulo examina as implicações cruciais que pandemias têm sobre as estratégias de defesa e segurança nacional, destacando os desafios e as adaptações necessárias para enfrentar essas ameaças inéditas.

1. Expansão do Conceito de Segurança:

A pandemia demonstrou a necessidade de ampliar a definição de segurança nacional. Além de ameaças tradicionais, como conflitos militares, agora é imperativo considerar ameaças biológicas que podem ter impactos devastadores na população, na economia e nas estruturas sociais.

A COVID-19 catalisou uma redefinição do conceito de segurança nacional em nível global, ampliando seu escopo para incluir ameaças biológicas. Esta expansão reflete a compreensão de que as crises de saúde têm implicações profundas e duradouras para a segurança e estabilidade das nações. Alguns exemplos para contextualizarmos:

O Brasil, assim como diversos países, reavaliou seu entendimento de segurança nacional em face da pandemia. Além das ameaças tradicionais, o país passou a considerar a saúde pública através do SUS (Sistema Único de Saúde), como um pilar essencial da segurança. A necessidade de proteger a população contra ameaças biológicas tornou-se uma prioridade, influenciando as estratégias de defesa e segurança.

Os Estados Unidos, epicentro inicial da pandemia, rapidamente reconheceram a necessidade de expandir o conceito de segurança.

A administração implementou medidas para fortalecer a capacidade de resposta a ameaças biológicas, investindo em pesquisa médica, infraestrutura de saúde e estratégias de contenção. A segurança nacional passou a incorporar a preparação para pandemias como uma prioridade estratégica.

A Rússia, impulsionada pela rápida disseminação da COVID-19, também ajustou sua abordagem de segurança. O país intensificou os esforços para desenvolver e distribuir sua própria vacina, a *Sputnik V*, como parte de sua estratégia para proteger a população contra ameaças biológicas. Este enfoque reflete a importância atribuída à segurança da saúde da população russa.

A China, onde a pandemia teve início, reviu profundamente sua compreensão de segurança nacional. O país intensificou os investimentos em infraestrutura de saúde, pesquisa médica e vigilância epidemiológica para fortalecer sua capacidade de resposta a ameaças biológicas. A segurança da saúde pública agora é considerada um elemento crucial na proteção da soberania e estabilidade do país.

Índia:
A Índia, como um dos maiores produtores de insumos e vacinas do mundo, desempenhou um papel central na resposta global à pandemia. O país concentrou esforços em expandir sua capacidade de produção de vacinas e fornecer suprimentos médicos essenciais para a população interna. A segurança nacional inclui agora a proteção contra ameaças biológicas como um componente vital.

Os países africanos, diante de seus próprios desafios de saúde, intensificaram os esforços para fortalecer os sistemas de saúde e a capacidade de resposta a pandemias. A segurança nacional agora engloba a proteção da saúde pública como um pilar fundamental para garantir a estabilidade e o desenvolvimento sustentável no continente.

2. Preparação e Resposta a Ameaças Biológicas:

As forças armadas passaram a desempenhar papéis cruciais na preparação e resposta a pandemias. Isso inclui a logística para distribuição de suprimentos médicos, a construção de infraestruturas temporárias de saúde e o apoio às autoridades civis na implementação de medidas de contenção.

Países têm fortalecido sua infraestrutura de saúde para lidar com ameaças biológicas. Isso inclui a expansão de leitos hospitalares, aquisição de equipamentos médicos e a formação de equipes especializadas em resposta a emergências de saúde.

A elaboração de planos de contingência é essencial. Esses planos definem os procedimentos a serem seguidos em caso de surtos de doenças, incluindo a coordenação entre agências de saúde, mobilização de recursos e comunicação eficaz com o público.

A eficiência na logística desempenha um papel crítico na resposta a ameaças biológicas. Isso abrange desde a aquisição e distribuição de equipamentos de proteção individual até a administração de vacinas e tratamentos.

A capacitação de profissionais de saúde é fundamental para garantir uma resposta eficaz. Treinamentos abrangem desde o uso correto de equipamentos de proteção até o manejo clínico de pacientes afetados por doenças infecciosas.

Sistemas de vigilância robustos permitem a detecção precoce de surtos e a avaliação da propagação de doenças. O monitoramento contínuo da situação epidemiológica é fulcral para a tomada de decisões informadas.

A comunicação eficaz com o público é determinante para manter a confiança e garantir a adesão a medidas preventivas. Informações claras sobre a natureza da ameaça, medidas de segurança e atualizações regulares são primordiais.

A resposta a ameaças biológicas demanda cooperação entre países, organizações internacionais, setor privado e sociedade civil. A troca de informações, compartilhamento de recursos e colaboração em pesquisa são aspectos cruciais dessa abordagem.

Após o controle da situação, é supremo realizar uma avaliação pós-crise para identificar pontos fortes e áreas de melhoria na resposta.

3. Proteção de Infraestruturas Críticas:
A segurança de infraestruturas essenciais, como sistemas de saúde, redes de comunicação e abastecimento de água, tornou-se uma prioridade estratégica. A vulnerabilidade desses sistemas a ameaças biológicas destaca a necessidade de estratégias de proteção e resiliência.

O primeiro passo é identificar e classificar as infraestruturas que são vitais para o funcionamento de uma sociedade. Isso inclui hospitais, sistemas de água e energia, sistemas de comunicação e transporte, entre outros.

É essencial realizar avaliações detalhadas para identificar possíveis vulnerabilidades a ameaças biológicas. Isso envolve analisar a capacidade de resistência das infraestruturas e os possíveis pontos de falha.

Estratégias de segurança física, como o controle de acesso e a instalação de sistemas de vigilância, são fundamentais para proteger infraestruturas críticas. Além disso, medidas cibernéticas são necessárias para prevenir ataques virtuais que possam comprometer o funcionamento dessas infraestruturas.

Em caso de interrupção causada por uma ameaça biológica, é primacial ter planos de continuidade de negócios. Estes incluem protocolos para manter operações essenciais e recuperar rapidamente após uma crise.

Sistemas de alerta e resposta permitem uma reação rápida em caso de ameaça biológica. Isso inclui protocolos para evacuação, realocação de recursos e comunicação de emergência.

Realizar testes e exercícios regulares é crucial para garantir a eficácia dos planos de proteção. Isso permite identificar áreas de melhoria e garantir que a equipe esteja bem treinada e preparada para agir em situações de crise.
A colaboração entre o setor público e privado é vital na proteção de infraestruturas críticas. Empresas e organizações privadas muitas vezes possuem recursos e conhecimentos essenciais para fortalecer a segurança dessas infraestruturas.

A aplicação de tecnologias inovadoras, como sistemas de monitoramento avançado e soluções de segurança de última geração, contribui para a proteção efetiva de infraestruturas críticas.

Inteligência e Vigilância Epidemiológica:
Agências de defesa e segurança devem desempenhar um papel ativo na coleta e análise de dados epidemiológicos. A capacidade de detectar e monitorar surtos precocemente é crucial para uma resposta eficaz.

Países têm investido na criação de sistemas de vigilância integrada, que abrangem monitoramento de saúde pública, notificação de casos e compartilhamento de informações entre diferentes níveis de autoridades de saúde.

A coleta sistemática de dados epidemiológicos é determinante para entender a propagação de doenças e identificar tendências. Isso envolve a monitorização de sintomas, testagem em massa e rastreamento de contatos.

A aplicação de tecnologia desempenha um papel fundamental na vigilância epidemiológica. Ferramentas como aplicativos móveis, sistemas de informação geográfica e análise de big data facilitam a coleta e análise de dados em tempo real.

Agências de saúde devem monitorar continuamente alertas de possíveis surtos e epidemias. Isso permite uma resposta rápida para conter a propagação da doença antes que se torne uma ameaça generalizada.

A colaboração entre agências de saúde, instituições de pesquisa e organizações internacionais é primacial para o compartilhamento rápido e eficaz de informações epidemiológicas.

A aplicação de técnicas de modelagem epidemiológica, ajuda a prever a propagação de doenças e a avaliar o impacto de intervenções de saúde pública.

Após a implementação de medidas de saúde pública, é essencial avaliar sua eficácia. A análise dos resultados permite ajustes nas estratégias de resposta.

5. Cooperação Internacional em Saúde de Defesa:
A pandemia ressaltou a importância da cooperação internacional em saúde de defesa. Países precisam compartilhar informações, melhores práticas e recursos para enfrentar ameaças biológicas transnacionais.

Países buscam fortalecer a cooperação por meio de acordos e tratados internacionais, que estabelecem diretrizes para a resposta a ameaças biológicas. Entidades como a Organização Mundial da Saúde (OMS) desempenham um papel central nesse processo.

A troca de informações é fundamental para uma resposta eficaz. Países compartilham dados epidemiológicos, protocolos de tratamento e estratégias de prevenção para enfrentar surtos de doenças.

A cooperação internacional envolve a alocação e coordenação de recursos entre países afetados e aqueles que podem fornecer assistência. Isso inclui o envio de equipes médicas, suprimentos médicos e a mobilização de especialistas em saúde.

A cooperação internacional, inclui a realização de treinamentos e exercícios conjuntos, para capacitar profissionais de saúde a responder a ameaças biológicas em contextos diversos.

Países e organizações colaboram em pesquisas para o desenvolvimento de vacinas, tratamentos e tecnologias de diagnóstico. A cooperação na pesquisa é essencial para avanços significativos na prevenção e tratamento de doenças.

A cooperação internacional em saúde de defesa é essencial em situações de emergências humanitárias, como desastres naturais e conflitos, que podem exacerbar surtos de doenças.

6. Resiliência da Força de Trabalho Militar:
A proteção da força de trabalho militar contra ameaças biológicas é essencial. Isso inclui medidas preventivas, como vacinação, bem como protocolos de segurança em situações de crise.

Militares recebem treinamento específico em saúde e segurança para lidar com ameaças biológicas. Isso inclui o uso adequado de equipamentos de proteção individual (EPI), medidas de higiene e protocolos de prevenção.

A vacinação é uma estratégia fundamental para proteger a força de trabalho militar contra doenças infecciosas. Programas de imunização são implementados para garantir a proteção da tropa.

Em ambientes militares, onde a proximidade e a convivência são frequentes, são adotadas medidas rigorosas de prevenção e controle, como o distanciamento social, monitoramento de sintomas e testagem regular.

A capacidade de adaptação é essencial. Os militares devem estar preparados para assumir novas missões, como o apoio a operações de saúde pública e logística em tempos de pandemia.

Crises sanitárias podem gerar estresse e ansiedade entre os militares. Programas de apoio psicológico e bem-estar são implementados para garantir o suporte emocional necessário.

7. Estratégias de Isolamento e Quarentena:

Em casos de suspeita ou confirmação de infecção, são implementadas estratégias de isolamento e quarentena para evitar a propagação do vírus dentro das fileiras militares.

A cooperação entre as forças armadas e o sistema de saúde civil é irrefragável. Isso envolve o compartilhamento de recursos, expertise e coordenação de esforços para garantir uma resposta contundente.

8. Considerações Éticas e Legais:

O uso de forças militares em resposta a pandemias levanta questões éticas e legais complexas. É fundamental definir claramente os limites das intervenções militares em situações de saúde pública. O uso de forças militares em resposta a pandemias é um tema que envolve diversas considerações éticas e legais cruciais. Para compreender plenamente esse contexto, é essencial abordar os seguintes pontos:

A decisão de envolver as forças militares em resposta a uma pandemia deve ser fundamentada em uma avaliação rigorosa da situação. Isso inclui a determinação de se as capacidades únicas das forças armadas são necessárias para complementar os esforços civis na gestão da crise de saúde.

É fundamental estabelecer uma clara linha de comando e coordenação entre as autoridades civis e militares. As ações das forças militares devem estar subordinadas à autoridade civil e serem direcionadas para apoiar as operações de saúde pública, evitando usurpar a autoridade civil.

Ao empregar forças militares, é imperativo garantir o respeito integral aos direitos humanos e à dignidade das pessoas. Isso inclui a proteção de grupos vulneráveis e a restrição do uso da força aos limites estritamente necessários para a realização da missão.

Os militares envolvidos em operações de resposta à crises desta natureza, devem receber treinamento específico em questões de saúde pública, ética e direitos humanos. Isso ajuda a garantir, que suas ações estejam alinhadas com os princípios éticos e legais.

As forças militares devem adotar medidas para proteger a segurança e o bem-estar da população civil. Isso inclui a implementação de protocolos de segurança, controle de multidões e ações para evitar danos colaterais.

Durante o emprego destas forças, é primordial realizar avaliações regulares, para garantir que suas ações estejam em conformidade com os objetivos estabelecidos e os princípios éticos e legais. A supervisão civil é essencial para manter a responsabilidade e a transparência.

Assim que a situação permitir, a autoridade civil deve retomar o controle total das operações de saúde pública. Isso assegura que as intervenções militares sejam proporcionais à necessidade e não se prolonguem além do necessário. Além disso, é essencial realizar uma análise detalhada das ações das forças militares. Isso permite identificar lições aprendidas e áreas de melhoria para orientar futuras intervenções em situações semelhantes.

Em última análise, o uso de forças militares em resposta a pandemias requer uma abordagem ética e legalmente fundamentada. É essencial estabelecer uma clara justificativa, coordenar a ação entre autoridades civis e militares, e garantir o respeito aos direitos humanos e à dignidade das pessoas. Outro fator determinante, é a supervisão civil e a avaliação constante, isso são pilares cruciais para manter a responsabilidade e a transparência ao longo do processo.

Neste capítulo destacamos a necessidade urgente de uma abordagem integrada entre as esferas de defesa e saúde pública para enfrentar pandemias. A adaptação das estratégias de segurança nacional para incluir ameaças biológicas, é essencial para garantir a proteção da população e a resiliência das nações diante desses desafios inéditos.

CAPÍTULO 9: A POLÍTICA DAS VACINAS: ACESSO, DISTRIBUIÇÃO E DIPLOMACIA DA VACINA

A pandemia de COVID-19 destacou a importância crucial da vacinação em massa como uma ferramenta central na contenção e mitigação de surtos de doenças infecciosas. Este capítulo aborda a política das vacinas, explorando os desafios e considerações éticas e políticas relacionadas ao acesso equitativo, distribuição eficaz e diplomacia da vacina em contexto global.

A ciência correu para criar uma vacina contra a doença, e os primeiros imunizantes ficaram prontos em meados de 2020. Até então, demorava mais de 10 anos para uma vacina ficar pronta, enquanto a que combate a Covid-19 chegou aos braços das pessoas em meses. Segundo a pesquisadora científica e diretora do Laboratório de Desenvolvimento de Vacinas do Butantan, Viviane Maimoni Gonçalves, é categórica em afirmar: elas são, sim, seguras, e não existe qualquer motivo para preocupação. O maior equívoco sobre a vacina, é achar que o trabalho para a sua produção começou no início da pandemia — na verdade, foi bem antes. "Parece que a vacina saiu rápido, mas não foi bem assim. Se você contar o tempo em que a tecnologia para combater o vírus foi desenvolvida, são pelo menos 20 anos", calcula Viviane. A tecnologia para combater a Síndrome Respiratória Aguda Grave (SARS) já estava em andamento em 2003, quando aconteceu o primeiro surto global envolvendo um coronavírus. "A universidade de Oxford estudava o SARS-CoV. Eles fizeram fase um e dois dos estudos clínicos em humanos, mas nenhum imunizante chegou a ficar pronto porque a pandemia acabou antes", explica a pesquisadora científica.

O coronavírus reapareceu em 2012, com a Síndrome Respiratória do Oriente Médio (MERS). Da mesma forma que em 2003, companhias fizeram testes clínicos, mas a pandemia acabou antes de uma imunização coletiva ser necessária. A tecnologia, no entanto, foi novamente aprimorada.

Quando o SARS-CoV-2 surgiu, a tecnologia para enfrentar o coronavírus já existia. O que os cientistas precisaram fazer foi adaptar a vacina para combater o novo vírus – ele possui uma proteína chamada Spike (proteína S) diferente dos coronavírus anteriores. "Na verdade, tivemos sorte que a pandemia tenha sido causada por um coronavírus, e a resposta imune contra apenas uma proteína foi suficiente para proteger do vírus", comenta Viviane.

O acesso equitativo às vacinas é um princípio central na gestão de pandemias, visando garantir que todas as populações, independentemente de sua localização ou condição socioeconômica, tenham igualdade de oportunidade para se proteger contra doenças infecciosas. Isso implica em distribuir de forma justa os recursos, incluindo as vacinas, em situações em que estes são limitados. Organizações internacionais, como a Organização Mundial da Saúde (OMS), desempenham um papel crucial ao estabelecer diretrizes e coordenar esforços para promover esse acesso equitativo.

Em muitos casos, é necessário fornecer subsídios ou financiamento para garantir que as vacinas sejam acessíveis a países ou comunidades com recursos limitados, o que pode ser facilitado por iniciativas de financiamento global. Combater o nacionalismo das vacinas, em que países priorizam o fornecimento para sua própria população em detrimento de outros, é essencial para promover um acesso equitativo. Além disso, fortalecer a capacidade local de produção de vacinas em países em desenvolvimento pode ser uma estratégia eficaz.

Estabelecer critérios éticos e transparentes para a priorização de grupos de alto risco, como profissionais de saúde, idosos e pessoas com comorbidades, é crucial para assegurar que os mais vulneráveis à doença sejam protegidos primeiro. A educação e comunicação efetiva são também peças-chave para garantir que as comunidades compreendam a importância da vacinação e os benefícios individuais e coletivos.

Além disso, é vital monitorar de forma contínua a distribuição e o acesso às vacinas para identificar desigualdades e tomar medidas corretivas quando necessário. Isso pode incluir a realocação de recursos ou a implementação de estratégias específicas para grupos sub-representados. O acesso equitativo às vacinas é uma responsabilidade compartilhada que requer a colaboração ativa de governos, organizações internacionais e comunidades locais para enfrentar desafios de saúde pública em escala global.

A produção e distribuição em larga escala de vacinas representam um dos maiores desafios na gestão de pandemias. Essa complexidade surge devido à necessidade de atender a uma demanda global urgente, muitas vezes em um curto espaço de tempo.

Capacidade de Produção:
Um dos principais obstáculos é a capacidade de produção das vacinas em quantidades suficientes para atender à demanda. As instalações de produção precisam ser capazes de operar em escala máxima, garantindo a produção eficiente e segura dos imunizantes.

Logística e Cadeia de Frio:
A cadeia de frio, que envolve o armazenamento e transporte de vacinas em condições controladas de temperatura, é crucial para manter a eficácia das doses. Em áreas com infraestrutura logística limitada, manter a integridade das vacinas pode ser especialmente desafiador.

Fornecimento de Insumos e Matérias-Primas:
A produção de vacinas depende de uma ampla gama de insumos e matérias-primas, que podem incluir componentes biológicos, químicos e materiais de embalagem. A escassez ou interrupção no fornecimento desses elementos pode impactar seriamente a

produção.

Distribuição Global e Equidade:

A distribuição global eficaz das vacinas exige uma coordenação meticulosa entre países, organizações internacionais e empresas privadas. Garantir que as vacinas alcancem populações em todos os cantos do mundo, independentemente da localização ou capacidade financeira, é um desafio logístico e político significativo.

Barreiras Regulatórias e Aprovações:

A aprovação de vacinas por agências reguladoras é um passo crucial, mas pode ser demorado e sujeito a rigorosos padrões de segurança e eficácia. Conciliar a urgência de distribuição com a necessidade de garantir a segurança dos imunizantes é um equilíbrio delicado.

Adaptação a Variantes do Vírus:

A capacidade de produção e distribuição de vacinas também precisa ser ágil o suficiente para responder a novas variantes do vírus. Isso pode exigir ajustes nas formulações das vacinas existentes ou o desenvolvimento rápido de novas versões.

Desafios Geográficos e Logísticos:

Em áreas remotas ou em países com infraestrutura limitada, a distribuição eficaz de vacinas pode ser especialmente difícil. Superar obstáculos geográficos e garantir que as vacinas alcancem comunidades isoladas é um desafio adicional.

Segurança e Integridade do Produto:

A garantia da segurança e eficácia das vacinas ao longo de toda a cadeia de produção e distribuição é uma prioridade absoluta. Isso envolve a implementação de práticas rigorosas de controle de qualidade e segurança em todas as etapas do processo.

Em suma, a produção e distribuição em larga escala de vacinas representam um desafio complexo, envolvendo aspectos logísticos, regulatórios e de segurança. Superar esses desafios é essencial para garantir que as vacinas alcancem as populações que delas necessitam, contribuindo assim para o controle e contenção de pandemias globais.

A diplomacia da vacina, no contexto da pandemia de COVID-19, surge como uma estratégia de política externa de fundamental importância. Ela implica o uso das vacinas como um instrumento para promover objetivos tanto nacionais quanto internacionais, ao mesmo tempo em que visa atender às necessidades de saúde pública global. Esta abordagem tem implicações geopolíticas e humanitárias, demandando uma análise aprofundada das estratégias envolvidas.

Uma das facetas essenciais da diplomacia da vacina é o potencial de influência geopolítica que ela carrega consigo. Na medida em que países ou blocos regionais fornecem vacinas a outras nações, fortalecem laços diplomáticos e podem projetar uma imagem positiva na cena internacional.

Esta estratégia, frequentemente, requer uma cooperação estreita entre países doadores e receptores. Doadores podem oferecer apoio técnico, financeiro e logístico, enquanto receptores facilitam a distribuição e administração das vacinas em suas populações.

Além do aspecto geopolítico, a diplomacia da vacina também se apresenta como uma resposta humanitária em situações de crise. A doação de vacinas a países em desenvolvimento não apenas auxilia no controle da propagação da doença, mas também demonstra uma demonstração de solidariedade global em momentos de urgência.

No entanto, é importante reconhecer que esta estratégia pode intensificar rivalidades geopolíticas, especialmente entre grandes potências. A competição para ser o primeiro a desenvolver e distribuir uma vacina eficaz pode acentuar as tensões internacionais.

A diplomacia da vacina também pode ser vista como uma ferramenta para facilitar o acesso a mercados e recursos em países receptores. Ao fornecer vacinas, os doadores podem estabelecer uma base para futuras colaborações comerciais e acordos econômicos.

Contudo, é imperativo considerar os desafios éticos inerentes a essa estratégia e reforçar a necessidade de uma responsabilidade global. A distribuição justa das vacinas é essencial para assegurar que os países mais vulneráveis não sejam negligenciados.

Além disso, o sucesso na implementação da diplomacia da vacina pode ter um impacto significativo na percepção internacional de um país ou bloco regional. A eficácia e amplitude dessa estratégia podem elevar a imagem de um doador como um líder global responsável.

A diplomacia da vacina sublinha a importância de organizações internacionais, como a OMS e o UNICEF, que desempenham um papel crucial na coordenação e promoção de esforços conjuntos para garantir o acesso global às vacinas.

Em resumo, a diplomacia da vacina é uma ferramenta complexa que envolve considerações geopolíticas, humanitárias e éticas. Ela representa um equilíbrio delicado entre a promoção de interesses nacionais e a responsabilidade global na gestão de pandemias. Uma abordagem eficaz requer cooperação internacional, transparência e um compromisso com o bem-estar da comunidade global.

Já a distribuição equitativa das vacinas durante uma pandemia, foi um desafio ético de grande relevância, que até os dias de hoje traz à tona uma série de considerações morais complexas. Um dos primeiros dilemas éticos reside na necessidade de estabelecer critérios claros para a priorização de grupos de alto risco, como profissionais de saúde, idosos e pessoas com comorbidades. Isso levanta questões de justiça distributiva e de maximização do bem-estar coletivo.

Garantir que a alocação de vacinas seja feita de maneira justa e equitativa é crucial, não apenas entre países, mas também dentro de cada nação, evitando disparidades injustas entre diferentes grupos populacionais. A pandemia é um fenômeno global e, como tal, demanda uma responsabilidade compartilhada na proteção da saúde global. Negar vacinas a populações em situações de vulnerabilidade pode ser visto como uma falha moral em cumprir esse dever de solidariedade.

Outro fator preponderante é, assegurar que os países em desenvolvimento tenham acesso equitativo às vacinas é um desafio ético premente. Ignorar essas nações pode perpetuar desigualdades de saúde globais já existentes, o que é profundamente problemático do ponto de vista ético. A transparência na divulgação de informações sobre a segurança e eficácia das vacinas é crucial para garantir a confiança do público. Proteger os grupos mais vulneráveis, como os idosos e aqueles com condições de saúde pré-existentes, é um imperativo ético devido à sua maior susceptibilidade à doença. Priorizá-los na distribuição de vacinas reflete um compromisso com a justiça e a proteção da dignidade humana. Além disso, a distribuição de vacinas deve ser realizada de forma a evitar a discriminação e a perpetuação das desigualdades existentes na sociedade.

Por fim, nações economicamente mais desenvolvidas têm uma responsabilidade ética de apoiar e fornecer assistência técnica e financeira aos países em desenvolvimento na aquisição e distribuição de vacinas. Em síntese, a distribuição de vacinas em uma pandemia apresenta uma série de desafios éticos e considerações morais cruciais. Priorizar a justiça, a equidade e a solidariedade global são princípios fundamentais na abordagem deste tema complexo e de grande relevância ética.

A distribuição equitativa de vacinas em pandemias é um desafio complexo e crucial que exige a implementação de estratégias de cooperação internacional e a celebração de acordos bilaterais. A colaboração entre nações e organizações internacionais desempenha um papel central nesse processo.

Organizações como a Organização Mundial da Saúde (OMS) e o UNICEF desempenham um papel essencial na coordenação e promoção de esforços conjuntos para garantir o acesso global às vacinas. Através da colaboração com essas entidades, os países podem fortalecer sua capacidade de resposta à pandemia.

Iniciativas globais de financiamento, como o COVAX (também conhecido como COVAX Facility, é uma iniciativa da OMS, da Aliança Gavi e da CEPI que trabalhou para a aquisição e posterior distribuição de vacinas contra covid-19 para os países mais pobres do planeta.). Contribuindo financeiramente para esses esforços, os países podem fortalecer a capacidade de produção e distribuição de vacinas em escala global.
Além disso, acordos bilaterais e trilaterais são estabelecidos entre países para garantir o fornecimento de vacinas. Esses acordos podem envolver a compra antecipada de doses ou a cooperação na pesquisa e desenvolvimento de vacinas. No entanto, é essencial garantir que tais acordos não exacerbem as desigualdades globais.

A transferência de tecnologia para países em desenvolvimento é outra estratégia importante para fortalecer sua capacidade de produzir vacinas localmente. Além disso, a assistência técnica na construção de infraestrutura e na formação de recursos humanos é fundamental para garantir uma distribuição eficaz.

A diplomacia da vacina também emerge como uma estratégia de política externa utilizada por países para promover seus interesses geopolíticos. Ao fornecer vacinas a outras nações, os países podem fortalecer laços diplomáticos e promover uma imagem positiva no cenário internacional.

Apesar dos benefícios, a cooperação internacional enfrenta desafios, como a competição por recursos limitados e a necessidade de alinhar interesses nacionais. Também é crucial garantir que as vacinas atendam aos padrões de segurança e eficácia.

A avaliação do impacto das estratégias de cooperação internacional ao longo do tempo é crucial. Isso permite ajustes e melhorias nas abordagens, garantindo uma distribuição mais eficaz e equitativa de vacinas em futuras crises de saúde global.

Perspectivas Futuras:

1. Inovação Tecnológica:
   - Avanços na tecnologia de produção de vacinas, como a plataforma de RNA mensageiro (mRNA), oferecem promissoras perspectivas para o desenvolvimento mais rápido e eficaz de vacinas em futuras crises de saúde.

2. Preparação Antecipada:
   - A lição aprendida com a pandemia de COVID-19 destaca a importância da preparação antecipada. A criação de estoques estratégicos de vacinas e a implementação de planos de contingência podem agilizar a resposta em crises futuras.

3. Cooperação Internacional Reforçada:
   - A colaboração entre países e organizações internacionais deve ser fortalecida. Acordos prévios de cooperação e a definição de protocolos claros de distribuição podem facilitar uma resposta mais coordenada.

4. Investimento em Infraestrutura de Saúde Global:
   - A construção e melhoria da infraestrutura de saúde em nível global são essenciais. Isso inclui não apenas instalações médicas, mas também sistemas de logística e cadeias de suprimentos robustas.

5. Ênfase na Educação em Saúde:

- A promoção da literacia em saúde e o combate à desinformação são aspectos cruciais na preparação para futuras crises. Uma população bem informada é fundamental para uma resposta eficaz.

6. Desenvolvimento de Estratégias de Contenção Rápida:

- A capacidade de responder rapidamente a surtos e implementar medidas de contenção eficazes será crucial para evitar a disseminação rápida de futuras doenças.

Em última análise, enfrentar os desafios na distribuição de vacinas requer uma abordagem multidisciplinar e colaborativa. A aprendizagem contínua a partir das experiências da pandemia de COVID-19 e a implementação de medidas preparatórias sólidas são fundamentais para melhorar a prontidão global para crises de saúde futuras.

CAPÍTULO 10: DINÂMICAS REGIONAIS: ANÁLISE GEOPOLÍTICA DAS RESPOSTAS NA AMÉRICA, EUROPA, ÁSIA E ÁFRICA

A pandemia de COVID-19 desencadeou uma série de respostas regionais distintas, refletindo as dinâmicas geopolíticas únicas de cada continente. Esta seção oferece uma análise aprofundada das estratégias adotadas nas regiões das Américas, Europa, Ásia e África, destacando os diferentes enfoques geopolíticos e os impactos resultantes.

América do Sul:

A América do Sul, uma região geograficamente vasta e diversificada, enfrentou desafios únicos em sua resposta à pandemia de COVID-19. Os países sul-americanos apresentaram uma variedade de abordagens e estratégias para conter a disseminação do vírus, influenciadas por fatores políticos, socioeconômicos e de infraestrutura de saúde.

1. Diversidade de Abordagens:

- A América do Sul experimentou uma diversidade notável de abordagens na gestão da pandemia. Alguns países, como o Chile e o Uruguai, implementaram medidas rigorosas de contenção desde o início, enquanto outros, como o Brasil, adotaram estratégias mais flexíveis e descentralizadas.

2. Desigualdades Socioeconômicas:

- A região enfrentou desafios acentuados devido às desigualdades socioeconômicas existentes. Populações vulneráveis em áreas urbanas densamente povoadas, muitas vezes sem acesso adequado a serviços de saúde, foram particularmente afetadas.

3. Desafios no Sistema de Saúde:

- A infraestrutura de saúde variou significativamente entre os países sul-americanos. Alguns, como o Chile, conseguiram mobilizar recursos e expandir a capacidade hospitalar, enquanto outros, como o Peru, enfrentaram sobrecarga em seus sistemas de saúde.

4. Pressões Econômicas:

- Muitos países da América do Sul enfrentaram pressões econômicas significativas durante a pandemia, especialmente devido à dependência de setores como o turismo e as commodities. A necessidade de equilibrar medidas de saúde pública com a manutenção da atividade econômica foi um desafio constante.

5. Cooperação Regional e Solidariedade:

- A região testemunhou iniciativas de cooperação regional, como a criação de corredores humanitários para a troca de suprimentos médicos e a coordenação de esforços entre os países vizinhos.

6. Impacto nas Comunidades Indígenas:

- As comunidades indígenas da América do Sul enfrentaram desafios únicos durante a pandemia, devido a fatores como a dificuldade de acesso a cuidados de saúde e a necessidade de proteger seus territórios contra a disseminação do vírus.

7. Desafios de Vacinação:

- A distribuição e administração de vacinas contra a COVID-19 na América do Sul revelou desafios logísticos, incluindo a necessidade de garantir o acesso em áreas remotas e a importância da confiança pública nas vacinas.

8. Lições Aprendidas:

- A experiência da América do Sul na gestão da pandemia destaca a importância da preparação para futuras crises de saúde e a necessidade de abordagens flexíveis e adaptáveis que levem em consideração as realidades socioeconômicas e de infraestrutura de saúde de cada país.

Em última análise, a resposta à pandemia na América do Sul reflete a complexidade das dinâmicas regionais e a necessidade de abordagens sensíveis ao contexto. A análise dessas experiências fornece valiosas lições para o aprimoramento da preparação e gestão de crises de saúde em nível global.

América do Norte e os Estados Unidos:

A América do Norte, com destaque para os Estados Unidos, enfrentou uma série de desafios significativos durante a pandemia de COVID-19. A região é composta por economias altamente desenvolvidas e sistemas de saúde robustos, mas também enfrentou complexidades políticas e logísticas em sua resposta à crise.

Estados Unidos:

Os Estados Unidos, como uma das economias mais poderosas e populosas do mundo, desempenharam um papel central na resposta global à pandemia. No entanto, a abordagem do país foi marcada por desafios significativos:

1. Polarização Política:
   - A polarização política nos EUA influenciou fortemente a resposta à pandemia. Disputas partidárias sobre medidas de saúde pública, como o uso de máscaras e o distanciamento social, tornaram-se pontos de conflito.

2. Descentralização da Resposta:
   - A resposta à pandemia nos Estados Unidos foi fortemente descentralizada, com estados e localidades tendo um papel central na implementação de medidas de saúde pública. Isso levou a uma variedade de abordagens e cronogramas em todo o país.

3. Desigualdades Socioeconômicas:
   - As desigualdades socioeconômicas nos Estados Unidos

foram exacerbadas pela pandemia. Populações vulneráveis, como trabalhadores de baixa renda e comunidades marginalizadas, enfrentaram dificuldades adicionais no acesso a cuidados de saúde e apoio financeiro.

4. Desafios na Distribuição de Vacinas:

- A distribuição de vacinas nos Estados Unidos foi um processo complexo, com desafios logísticos e operacionais. A garantia de que as vacinas alcancem populações em áreas urbanas e rurais, bem como comunidades marginalizadas, foi um ponto focal.

5. Diplomacia da Vacina:

- Os Estados Unidos também desempenharam um papel importante na diplomacia da vacina, fornecendo doses para outros países como parte dos esforços globais para conter a pandemia.

6. Investimentos em Pesquisa e Desenvolvimento:

- Os Estados Unidos investiram significativamente em pesquisa e desenvolvimento de vacinas, o que culminou em uma notável contribuição para o desenvolvimento de vacinas contra a COVID-19.

Canadá e México:

O Canadá e o México também enfrentaram desafios distintos em suas respostas à pandemia: O Canadá adotou medidas rigorosas de saúde pública, com uma abordagem mais centralizada. No entanto, enfrentou desafios na distribuição de vacinas, especialmente em regiões remotas.

O México enfrentou desafios econômicos significativos, devido à sua dependência de setores como o turismo. A colaboração com os Estados Unidos em questões de fronteira e fornecimento de vacinas foi uma parte crucial da resposta do país.

Em suma, a América do Norte, com foco nos Estados

Unidos, enfrentou desafios únicos em sua resposta à pandemia. A complexidade política, as disparidades socioeconômicas e os esforços de vacinação representaram facetas cruciais da experiência da região na gestão da crise. Compreender esses desafios é essencial para aprimorar a preparação e a gestão de futuras crises de saúde em nível regional e global.

Europa:

A Europa, epicentro inicial da pandemia, testemunhou uma mistura de respostas coordenadas e ações unilaterais dos Estados-membros da União Europeia. A colaboração multilateral, embora essencial, foi desafiada pela disparidade na disponibilidade de recursos e na capacidade de resposta de cada país. O mecanismo de recuperação da UE, NextGenerationEU, representa uma resposta geopolítica significativa, buscando fortalecer a resiliência da região e promover a coesão em meio à crise.

Ásia:

A Ásia, notadamente a China e a Coreia do Sul, adotou medidas de contenção rigorosas e eficazes, beneficiando-se de experiências anteriores com surtos de coronavírus. A China, em particular, desempenhou um papel proeminente na diplomacia da vacina, estabelecendo alianças estratégicas ao fornecer vacinas para países em desenvolvimento. Além disso, Taiwan e Singapura demonstraram notável eficácia em suas respostas, ressaltando a importância da prontidão e da capacidade de resposta em cenários de saúde global.

África:

A África enfrentou a pandemia com recursos limitados, mas também com experiência adquirida em epidemias anteriores, como o Ebola. A União Africana desempenhou um papel fundamental na coordenação de esforços regionais e no acesso a vacinas para os países africanos. No entanto, a desigualdade no acesso às vacinas persiste, destacando a necessidade de um compromisso global com a equidade na distribuição.

A análise das dinâmicas regionais revela a interseção complexa entre geopolítica, saúde pública e resiliência regional. Compreender as estratégias adotadas em diferentes partes do mundo oferece insights valiosos para futuras crises de saúde global, enfatizando a necessidade de cooperação internacional e a importância de abordagens adaptáveis e sensíveis ao contexto regional. Ao examinar os impactos geopolíticos das respostas à pandemia em nível regional, somos capazes de extrair lições cruciais para aprimorar a preparação e a gestão de crises de saúde em escala global.

CAPÍTULO 11: DESAFIOS NA GOVERNANÇA GLOBAL DA SAÚDE: O PAPEL DA OMS E OUTRAS ORGANIZAÇÕES

A governança global da saúde é um elemento essencial na resposta a pandemias e crises de saúde de escala global. Neste contexto, a Organização Mundial da Saúde (OMS) desempenha um papel central, juntamente com outras organizações internacionais e atores globais. Este capítulo se propõe a analisar os desafios enfrentados na governança global da saúde, avaliando o papel da OMS e as dinâmicas entre os diversos atores envolvidos.

1. Papel da OMS na Governança Global da Saúde:

A Organização Mundial da Saúde (OMS) desempenha um papel crucial na governança global da saúde. Fundada em 1948, a OMS é a agência especializada das Nações Unidas responsável por questões de saúde pública em âmbito internacional. Seu mandato é amplo, abrangendo desde a promoção da saúde até a resposta a emergências de saúde pública.

Vamos apresentar, alguns dos principais aspectos do papel da OMS na governança global da saúde:

Coordenação Global:

- A OMS atua como um fórum de coordenação para a comunidade internacional em questões de saúde. Ela facilita a colaboração entre os países membros, agências da ONU, organizações não-governamentais e outros atores relevantes.

Normatização e Padrões de Saúde:

- A OMS desempenha um papel central no estabelecimento de normas e padrões internacionais de saúde. Isso abrange desde a definição de critérios de diagnóstico e classificação de doenças até a padronização de protocolos de vacinação.

Resposta a Emergências de Saúde Pública:
- A OMS é fundamental na resposta a emergências de saúde pública, como epidemias, pandemias e desastres naturais. Ela fornece orientações técnicas, mobiliza recursos e coordena esforços globais para conter a propagação de doenças.

Pesquisa e Desenvolvimento em Saúde:
- A OMS promove a pesquisa e o desenvolvimento de soluções inovadoras para problemas de saúde global. Isso inclui o apoio a estudos clínicos, a promoção de tecnologias acessíveis e a facilitação de parcerias público-privadas.

Assistência Técnica e Capacitação:
- A organização presta assistência técnica aos países membros, apoiando o fortalecimento de seus sistemas de saúde. Isso envolve o fornecimento de orientações, treinamento de profissionais de saúde e apoio na implementação de políticas de saúde.

Advocacia e Educação em Saúde:
- A OMS desempenha um papel importante na sensibilização e educação em saúde. Ela promove campanhas de conscientização, fornece informações confiáveis sobre saúde e defende políticas que promovam o bem-estar global.

Monitoramento da Situação de Saúde Global:
- A organização monitora constantemente a situação de saúde global, identificando tendências e alertando sobre possíveis ameaças à saúde pública. Isso inclui a vigilância de doenças, a coleta de dados epidemiológicos e a análise de tendências de saúde.

Advocacia pela Equidade em Saúde:
- A OMS trabalha para promover a equidade em saúde, buscando reduzir disparidades no acesso a cuidados de saúde e na distribuição de recursos médicos.

No entanto, é importante notar que a OMS também enfrenta desafios, como a necessidade de financiamento estável, a demanda por reformas e a pressão política de alguns Estados membros. Portanto, o papel da OMS na governança global da saúde é dinâmico e sujeito a evoluções contínuas à medida que a comunidade global enfrenta novos desafios de saúde.

2. Desafios na Coordenação Internacional:

A coordenação internacional em saúde é crucial para enfrentar pandemias e outras emergências de saúde global. No entanto, essa tarefa não é isenta de desafios significativos. Abaixo, são destacados alguns dos principais obstáculos enfrentados na busca pela colaboração eficaz entre países e organizações internacionais:

Divergências Políticas e Geopolíticas:
- Uma das maiores barreiras para a coordenação internacional em saúde são as divergências políticas e geopolíticas entre os países. Disputas políticas podem levar a reticências na cooperação, dificultando a implementação de medidas conjuntas.

Interesses Nacionais e Autonomia:
- Cada país tem seus próprios interesses nacionais, prioridades e abordagens para lidar com emergências de saúde. Isso pode criar desafios na busca por uma abordagem unificada, especialmente quando as medidas recomendadas podem impactar a economia e a autonomia nacional.

Variação na Capacidade de Resposta:
- Países têm diferentes capacidades de resposta a emergências de saúde. Alguns possuem sistemas de saúde robustos, enquanto outros enfrentam desafios significativos em termos de infraestrutura, recursos e capacidade de implementar medidas de saúde pública.

Desigualdades em Saúde Global:

- As desigualdades em saúde entre países e regiões podem complicar os esforços de coordenação. A disponibilidade de recursos, acesso a vacinas e capacidade de resposta variam amplamente, o que pode resultar em disparidades na capacidade de enfrentar uma emergência de saúde global.

Barreiras de Comunicação e Culturais:

- Diferenças linguísticas e culturais podem dificultar a comunicação eficaz entre países. Além disso, abordagens de saúde pública podem ser moldadas por contextos culturais específicos, o que pode exigir uma adaptação cuidadosa ao nível internacional.

Conflitos e Instabilidade Política:

- Países afetados por conflitos armados ou instabilidade política podem enfrentar desafios adicionais na coordenação de respostas a emergências de saúde. A segurança e a capacidade de implementar medidas de saúde pública podem ser seriamente comprometidas.

Desafios Logísticos e de Infraestrutura:

- A logística de fornecer suprimentos médicos, equipamentos de proteção e vacinas em escala global pode ser complexa. A infraestrutura de transporte e comunicação em alguns países pode representar obstáculos adicionais.

Financiamento Sustentável:

- A alocação de recursos financeiros suficientes para uma resposta eficaz a emergências de saúde é um desafio persistente. A dependência de doações voluntárias e financiamento intermitente pode limitar a capacidade de resposta.

Superar esses desafios na coordenação internacional em saúde exige um esforço conjunto, diplomacia eficaz e um compromisso global com o bem-estar humano. A criação de mecanismos de colaboração flexíveis e sensíveis ao contexto regional é essencial para aprimorar a capacidade de resposta a emergências de saúde em nível global.

3. Limites de Autoridade e Recursos da OMS:

A Organização Mundial da Saúde (OMS), como agência especializada das Nações Unidas para questões de saúde, desempenha um papel vital na governança global da saúde. No entanto, a eficácia da OMS é condicionada por uma série de fatores, incluindo os limites de sua autoridade e os recursos disponíveis para cumprir sua missão. Abaixo estão os principais desafios associados a esses aspectos:

Dependência de Contribuições Voluntárias:
- A OMS é em grande parte financiada por contribuições voluntárias dos Estados membros e parceiros. Embora isso forneça flexibilidade em termos de alocação de recursos, também pode criar desafios em termos de previsibilidade e sustentabilidade financeira. Além disso, a dependência de doações pode influenciar as prioridades e ações da organização.

Limites de Autoridade e Coerção:
- A OMS tem uma autoridade limitada quando se trata de impor medidas coercitivas ou sancionar Estados membros que não cumprem suas recomendações. Isso pode dificultar a implementação efetiva de medidas de saúde pública, especialmente em situações de emergência.

Negociações e Diplomacia:
- A OMS opera em um ambiente político complexo, onde as decisões muitas vezes requerem negociações diplomáticas sensíveis. A obtenção de consenso entre os Estados membros pode ser um processo demorado e, por vezes, pode resultar em compromissos diluídos.

Conflitos de Interesse:
- A OMS interage com uma variedade de interesses, incluindo

Estados membros, organizações não-governamentais e setor privado. Equilibrar esses interesses para promover a saúde pública global pode ser um desafio, especialmente quando há pressões para promover agendas particulares.

Falta de Recursos para Emergências:

- A capacidade de resposta da OMS a emergências de saúde pode ser limitada pela disponibilidade de recursos. A organização muitas vezes precisa mobilizar financiamento adicional para responder a crises, o que pode levar a atrasos na implementação de medidas necessárias.

Capacidade Técnica e Operacional:

- A OMS enfrenta desafios em termos de capacidade técnica e operacional para lidar com uma variedade de emergências de saúde. Isso inclui a necessidade de especialização em diferentes áreas da saúde e a disponibilidade de pessoal qualificado.

Desigualdades de Poder entre Países Membros:

- A OMS é composta por Estados membros com diferentes níveis de influência e capacidade. Isso pode influenciar as decisões e prioridades da organização, criando desafios na promoção de uma abordagem equitativa para questões de saúde global.

Para enfrentar esses desafios, a OMS pode precisar de reformas estruturais, incluindo a diversificação de suas fontes de financiamento, o fortalecimento de sua autoridade e a promoção de uma cultura de transparência e responsabilização. Além disso, a colaboração com outros atores globais, como organizações não-governamentais e setor privado, pode ser fundamental para fortalecer a capacidade de resposta da organização a emergências de saúde globais.

Relações com Outras Organizações Internacionais:

- A OMS opera em um ecossistema complexo de organizações internacionais e atores não estatais. A colaboração efetiva com outras agências, como o UNICEF e o Banco Mundial, é essencial para uma resposta holística a crises de saúde global.

Papel dos Ativos Não Estatais na Governança Global da Saúde:

- O envolvimento de atores não estatais, como fundações filantrópicas e organizações não governamentais, tem desempenhado um papel cada vez mais proeminente na governança global da saúde. No entanto, isso levanta questões sobre a transparência e a prestação de contas.

Diplomacia da Saúde e Cooperação Multissetorial:

- A governança global da saúde requer uma abordagem multissetorial que envolva não apenas os setores de saúde, mas também áreas como comércio, segurança e diplomacia. A interconexão entre esses setores é crucial para uma resposta abrangente a crises de saúde global.

Desafios Futuros na Governança Global da Saúde:

- À medida que enfrentamos futuras ameaças à saúde global, será crucial abordar desafios emergentes na governança global da saúde. Isso inclui a necessidade de reformas na OMS, a promoção da transparência e a melhoria na coordenação entre atores globais.

Em última análise, a governança global da saúde desempenha um papel central na resposta a crises de saúde em escala global. A análise crítica dos desafios enfrentados na governança global da saúde, juntamente com o papel da OMS e outros atores, é essencial para aprimorar a capacidade de resposta a futuras pandemias e emergências de saúde.

CAPÍTULO 12: AS NARRATIVAS DA PANDEMIA: MÍDIA, DESINFORMAÇÃO E SEGURANÇA DA INFORMAÇÃO

A disseminação de informações precisas e confiáveis desempenha um papel crucial na gestão de crises de saúde global, como a pandemia de COVID-19. No entanto, a interseção entre mídia, desinformação e segurança da informação apresentou desafios significativos em diferentes partes do mundo. Neste capítulo, iremos analisar as dinâmicas das narrativas da pandemia em distintos contextos, incluindo o Brasil, Estados Unidos, União Europeia, Ásia e África.

No Brasil, a pandemia de COVID-19 foi marcada por uma multiplicidade de narrativas. A polarização política exacerbou a disseminação de informações contraditórias. Enquanto algumas mídias buscavam transmitir informações baseadas em evidências científicas, outras adotavam uma abordagem mais sensacionalista. Além disso, as redes sociais desempenharam um papel significativo na disseminação de desinformação, desafiando os esforços para promover medidas de saúde pública.

Polêmicas na Comunicação Oficial:
A comunicação oficial sobre a pandemia no Brasil foi marcada por polêmicas e contradições. O presidente Jair M. Bolsonaro adotou uma postura inicial de minimização da gravidade da doença e questionamento das medidas de distanciamento social, o que gerou controvérsias e divisões na abordagem do governo federal em relação à pandemia.

Conflitos entre Governo Federal e Estadual:
Houve conflitos e divergências entre o governo federal e os governos estaduais em relação às medidas de enfrentamento da pandemia. Enquanto alguns estados implementaram medidas restritivas, como lockdowns e restrições à circulação, o governo federal defendeu uma abordagem menos restritiva, enfatizando a

economia.

Desafios no Sistema de Saúde:

O sistema de saúde brasileiro enfrentou sobrecarga, especialmente em áreas mais afetadas pela pandemia. Houve falta de leitos, equipamentos de proteção e respiradores em alguns momentos, o que levou a um esforço conjunto para expandir a capacidade de atendimento.

Desinformação e Polêmicas sobre Tratamentos:

O Brasil enfrentou um desafio significativo relacionado à desinformação sobre tratamentos e prevenção da COVID-19. Houve debates e controvérsias em torno de medicamentos como a hidroxicloroquina e a ivermectina, com posicionamentos variados entre profissionais de saúde e autoridades.

Vacinação e Desafios Logísticos:

A campanha de vacinação enfrentou desafios logísticos, especialmente em um país de dimensões continentais como o Brasil. A distribuição equitativa das vacinas para todos os estados e municípios foi um desafio, assim como a necessidade de garantir a adesão da população à vacinação.

Impacto nas Populações Vulneráveis:

Populações mais vulneráveis, como comunidades indígenas e áreas urbanas densamente povoadas, enfrentaram desafios específicos durante a pandemia. O acesso à saúde e a implementação de medidas preventivas foram especialmente críticos nessas comunidades.

Desafios Econômicos e Sociais:

A pandemia teve um impacto significativo na economia do Brasil, com setores como o comércio, turismo e serviços sendo duramente afetados. Além disso, a população mais vulnerável economicamente enfrentou desafios relacionados à segurança alimentar e acesso a serviços básicos.

Variação na Adesão às Medidas de Saúde Pública:
Houve variação na adesão da população às medidas de saúde pública, com diferentes níveis de conformidade em diferentes regiões do país. Fatores como contexto socioeconômico, densidade populacional e conscientização pública influenciaram a eficácia das medidas.
É preciso ressaltar que, apenas alguns dos principais eventos e aspectos que marcaram a resposta à pandemia de COVID-19 no Brasil foram relatados nesta seção. A complexidade da situação exigiu esforços coordenados entre diferentes níveis de governo, profissionais de saúde e a população em geral para enfrentar os desafios apresentados pela crise sanitária.

Estados Unidos:

Nos Estados Unidos, a pandemia foi permeada por uma polarização política que influenciou as narrativas da crise. A administração anterior adotou uma abordagem heterogênea na comunicação sobre a pandemia, o que por vezes resultou em mensagens contraditórias. A desinformação também foi disseminada em plataformas de mídia social, criando desafios para a promoção de medidas de saúde pública consistentes.

Resposta Inicial Descentralizada:
A resposta inicial à pandemia nos Estados Unidos foi descentralizada, com diferentes estados implementando medidas variadas de distanciamento social e restrições comerciais. Isso resultou em uma abordagem heterogênea à pandemia em todo o país.

Desafios na Comunicação e Coordenação Nacional:
A comunicação sobre a pandemia foi por vezes inconsistente, com mensagens contraditórias de diferentes autoridades políticas e de saúde. A falta de uma coordenação nacional coesa dificultou a implementação de medidas de saúde pública uniformes.

Impacto Díspar em Diferentes Estados:
A pandemia teve um impacto desigual nos diferentes estados dos EUA, com áreas urbanas densamente povoadas sendo particularmente afetadas. Nova York, por exemplo, foi uma das cidades mais atingidas durante as fases iniciais da pandemia.

Desafios no Sistema de Saúde:
O sistema de saúde dos EUA enfrentou desafios significativos devido ao grande número de casos, resultando em sobrecarga de hospitais e escassez de equipamentos de proteção e ventiladores em algumas áreas.

Desigualdades Sociais Exacerbadas:
A pandemia expôs e exacerbou as desigualdades sociais nos EUA. Comunidades marginalizadas, incluindo afro-americanos, latinos e populações indígenas, foram desproporcionalmente afetadas pela COVID-19 em termos de casos e mortalidade.

Desafios na Vacinação em Massa:
A campanha de vacinação em massa enfrentou desafios logísticos e de distribuição, embora os EUA tenham desenvolvido e implementado rapidamente vacinas eficazes. A adesão à vacinação também foi influenciada por fatores políticos e de desinformação.

Impacto Econômico e Social:
A pandemia teve um impacto econômico significativo nos EUA, com fechamento de empresas, perda de empregos e dificuldades econômicas para muitas famílias. Medidas de estímulo econômico foram implementadas para mitigar os efeitos da crise.

Desafios na Educação e Serviços Sociais:
O fechamento de escolas e a transição para o ensino a distância apresentaram desafios educacionais para estudantes e suas famílias. Além disso, serviços sociais essenciais, como assistência médica e apoio a pessoas em situação de vulnerabilidade,

enfrentaram pressões adicionais.

Desinformação e Polêmicas sobre Medidas Preventivas:
Os Estados Unidos também enfrentaram desafios relacionados à desinformação e controvérsias sobre medidas preventivas, como o uso de máscaras e distanciamento social.

A complexidade da situação exigiu esforços coordenados entre diferentes níveis de governo, profissionais de saúde e a população em geral para enfrentar os desafios apresentados pela crise sanitária.

União Europeia:

Na União Europeia, a resposta à pandemia foi caracterizada por uma abordagem coordenada entre os Estados membros. No entanto, as narrativas variaram conforme a evolução da situação em diferentes países. A mídia desempenhou um papel vital na comunicação de informações críticas, mas também enfrentou o desafio de lidar com a desinformação que circulava tanto online quanto offline.

Ásia:

Em vários países da Ásia, como Coreia do Sul e Taiwan, a gestão da pandemia foi marcada por estratégias de comunicação transparentes e eficazes. As narrativas se concentraram na importância do distanciamento social, uso de máscaras e testagem em massa. A colaboração entre governos e meios de comunicação foi fundamental para manter o público informado e engajado.

África:

Na África, a pandemia trouxe à tona desafios únicos em termos de comunicação. A diversidade de contextos culturais e linguísticos exigiu abordagens flexíveis na comunicação de medidas de saúde pública. A mídia local e organizações internacionais desempenharam um papel crucial na disseminação de informações confiáveis e na luta contra a desinformação.

Em todos esses contextos, a segurança da informação emergiu como um aspecto crítico na gestão da pandemia. A proteção contra ataques cibernéticos e a promoção de fontes confiáveis de informação tornaram-se prioridades essenciais. Compreender as complexidades das narrativas da pandemia em diferentes regiões é fundamental para informar estratégias futuras de comunicação em crises de saúde global.

CAPÍTULO 13: DESAFIOS EDUCACIONAIS: ALUNOS DE ESCOLAS PÚBLICAS DURANTE A PANDEMIA

A crise sanitária deixou uma marca indelével no setor educacional em todo o mundo. O que começou como uma crise de saúde pública rapidamente se transformou em uma catástrofe educacional, afetando milhões de alunos, professores e famílias. O terrível impacto da pandemia sobre a educação é evidente em diversos aspectos.

A primeira grande consequência foi a ampliação das desigualdades no acesso à educação. Alunos de comunidades desfavorecidas, sem acesso a dispositivos eletrônicos ou uma conexão confiável com a internet, foram particularmente prejudicados. Para muitos, a aprendizagem remota se tornou um privilégio inatingível.

Além disso, o fechamento de escolas e a transição para a aprendizagem online resultaram em uma significativa perda de aprendizado para muitos estudantes. A falta de interação presencial com professores e colegas, bem como a adaptação a um novo ambiente de ensino, impactou negativamente o progresso acadêmico.

A saúde mental dos alunos também foi profundamente afetada. O isolamento social, a incerteza e a ansiedade relacionada à pandemia tiveram sérios efeitos sobre a saúde mental dos alunos. A falta de interação social na escola, um ambiente que frequentemente servia como rede de apoio, exacerbou esses desafios.

Ademais, muitos alunos, especialmente aqueles enfrentando dificuldades adicionais, como falta de suporte em casa ou problemas de saúde, optaram por abandonar a escola. A desmotivação e a sensação de desengajamento contribuíram para o aumento das taxas de evasão.

Os educadores também enfrentaram desafios significativos. Foram forçados a se adaptar a uma nova forma de ensino, muitas vezes sem o treinamento ou a infraestrutura adequados. O equilíbrio entre ensinar de forma eficaz e lidar com os desafios pessoais impostos pela pandemia foi um fardo significativo para muitos professores.

Os efeitos da pandemia na educação podem ser sentidos por anos, se não décadas. A lacuna de aprendizado acumulado e as desigualdades acentuadas podem ter implicações duradouras para a economia e a sociedade como um todo. À medida que as restrições foram diminuindo e as escolas começaram a reabrir, surgiu a necessidade de estratégias eficazes de recuperação. Isso inclui a implementação de programas de apoio educacional, mentoria e intervenções direcionadas para ajudar os alunos a superar os desafios enfrentados durante a pandemia.

A pandemia não apenas interrompeu a rotina educacional, mas também expôs e agravou profundas desigualdades no acesso à educação. Agora, mais do que nunca, é imperativo que a sociedade se una para enfrentar esses desafios e trabalhar em direção a um sistema educacional mais inclusivo e resiliente, algo utópico em países subdesenvolvidos como o Brasil.
Um outro fato relevante, foi o impacto devastador na segurança alimentar dos alunos, agravando uma situação já preocupante em muitos lugares. Com o fechamento das escolas, muitos alunos perderam o acesso a refeições consistentes e nutritivas fornecidas pelo programa de alimentação escolar.

Para um grande número de crianças, especialmente aquelas de famílias de baixa renda, as refeições na escola eram uma fonte crucial de nutrição diária. O encerramento das instituições educacionais significou não apenas uma lacuna no aprendizado, mas também uma falta crucial de acesso a alimentos adequados.

Além disso, a pandemia levou a um aumento nas dificuldades econômicas para muitas famílias. A perda de empregos ou a redução de renda tornaram ainda mais difícil para os pais garantir uma alimentação adequada para seus filhos.

Organizações, escolas e comunidades mobilizaram-se para tentar preencher essa lacuna. Muitas escolas adaptaram seus programas de alimentação para fornecer refeições para viagem ou vouchers para alimentos. Organizações não governamentais e grupos comunitários também se envolveram na distribuição de alimentos para famílias em situação de vulnerabilidade.

No entanto, apesar desses esforços louváveis, muitas crianças ainda enfrentaram desafios significativos em relação à alimentação. Foi uma dolorosa revelação das vulnerabilidades existentes em nossa sociedade, e um lembrete de quão essencial é abordar a segurança alimentar como uma prioridade.

Dentre as mazelas já elencadas acima, não podemos deixar um outro aspecto preocupante com as crianças ao redor do mundo, uma sombra silenciosa, a violência contra crianças neste período catastrófico. Com o confinamento e as restrições de movimento que vigorava, o espaço que deveria ser seguro - o lar - muitas vezes se tornou um ambiente de perigo para muitas crianças ao redor do mundo.
A violência pode assumir várias formas, desde abuso físico e emocional até negligência e exploração. O estresse adicional causado pela incerteza econômica e pelo medo da doença exacerbou as tensões em muitos lares, resultando em um aumento alarmante nos casos de violência contra crianças.

Além disso, as restrições ao movimento limitaram a capacidade das crianças de procurar ajuda fora de casa. Centros de apoio à infância, abrigos e serviços de aconselhamento enfrentaram desafios para continuar operando normalmente.

É imperativo que as comunidades, governos e organizações não apenas estejam cientes desse problema, mas também tomem medidas concretas para proteger as crianças. Isso inclui campanhas de conscientização, treinamento para profissionais que lidam com crianças, e o fortalecimento dos serviços de apoio à infância.

Ademais, é crucial promover a resiliência nas crianças, fornecendo-lhes informações e recursos para que possam identificar e relatar situações de abuso ou violência. A educação sobre direitos e a criação de um ambiente seguro e acolhedor para a expressão de preocupações são passos fundamentais.

Uma pesquisa realizada pela *Universidade de Franca*, apontou que durante o auge da pandemia, as mulheres foram mais penalizadas. A investigação revela a disparidade desproporcional na distribuição das responsabilidades domésticas, culminando na sobrecarga de tarefas para as mulheres, ao passo que os homens preservam (mesmo em ambiente domiciliar) sua capacidade de se concentrar exclusivamente no âmbito profissional. Esta constatação encontra respaldo em dados estatísticos pré-pandêmicos do Instituto Brasileiro de Geografia e Estatística (IBGE), os quais registraram: "Em 2018, as mulheres dedicaram, em média, 21,3 horas semanais às atividades domésticas ou ao cuidado de indivíduos, enquanto os homens destinaram apenas 10,9 horas".

A evasão escolar teve um crescimento exponencial, muitos jovens optaram por interromper sua trajetória educacional, conforme demonstra um estudo conduzido pela organização *Todos Pela Educação*.

A pesquisa evidencia um alarmante incremento de 171% na taxa de evasão escolar, resultando no afastamento de aproximadamente 244 mil crianças e adolescentes do ambiente educacional durante o período pandêmico.

À distância das instituições de ensino, uma parcela desses jovens direcionou seus esforços para a busca de empregos, muitos dos quais caracterizados por condições precárias ou exigindo recursos de infraestrutura inacessíveis à maioria.

Tal é o caso dos aplicativos de entrega que, para admitir novos colaboradores, demandam não apenas a posse de um veículo próprio, mas também a disponibilidade de um celular com acesso à internet, além dos investimentos em equipamentos como capacetes, bolsas e até mesmo no próprio combustível.

Dessa maneira, a evasão escolar figura como um dos desdobramentos adversos mais marcantes da pandemia sobre a educação, especialmente para aqueles que se viram compelidos a ingressar no mercado de trabalho e, muito provavelmente, não retornarão ao ambiente escolar.

CAPÍTULO 14: MIGRAÇÃO E MOBILIDADE: IMPACTOS NA SEGURANÇA E NA ORDEM GLOBAL

A dinâmica da migração e mobilidade humana, intrínseca à globalização, assume um papel de relevância na compreensão da resposta global à pandemia de COVID-19. A interconexão entre movimentos populacionais e a disseminação de agentes patogênicos coloca desafios singulares aos esforços de contenção e mitigação da doença.

A primeira ordem de impacto reside na própria natureza da migração, a qual pode funcionar como vetor de transmissão do vírus entre regiões distantes. Deslocamentos internacionais, tanto por via aérea quanto terrestre, constituem um fator substancial na propagação da COVID-19, e demandam estratégias de controle efetivas nos pontos de entrada e saída.

Ademais, a pandemia instigou reações diversas em relação às populações migrantes e refugiadas, evidenciando a intersecção entre saúde pública e política migratória. Restrições de viagem e medidas de quarentena adotadas por diversos países afetaram diretamente aqueles em trânsito ou buscando refúgio, suscitando debates sobre direitos humanos e a obrigação moral de proteger os vulneráveis.

No âmbito da segurança global, a mobilidade e migração durante a pandemia desencadearam reflexões sobre a resiliência dos sistemas de saúde, capacidade de resposta a emergências e cooperação internacional. Países foram desafiados a fortalecer suas infraestruturas de saúde, bem como a compartilhar informações e recursos de maneira mais eficaz.

A vulnerabilidade de grupos marginalizados, como trabalhadores migrantes em condições precárias e populações deslocadas internamente, foi amplamente exposta. A pandemia acentuou as desigualdades preexistentes, ressaltando a necessidade de abordagens inclusivas e equitativas na gestão de crises sanitárias de escala global.

De maneira semelhante, no Brasil, as comunidades indígenas encontraram-se no cruzamento de múltiplas vulnerabilidades. O acesso limitado à infraestrutura de saúde, o afastamento dos centros urbanos e as disparidades socioeconômicas exacerbaram o impacto da pandemia. Tornou-se evidente a necessidade de respostas culturalmente sensíveis e orientadas pela comunidade, destacando a importância de estratégias de saúde pública adaptadas que levem em conta os desafios distintos enfrentados pelas populações indígenas.

Conclui-se que a análise da migração e mobilidade durante a pandemia de COVID-19 não somente enriquece a compreensão dos desafios enfrentados, mas também aponta para a imperativa necessidade de uma abordagem coordenada e compassiva no âmbito da segurança e saúde globais. A interdependência entre movimentos populacionais e a saúde pública não apenas persistirá, mas provavelmente ganhará maior destaque em futuras crises de escala similar.

CAPÍTULO 15: RESILIÊNCIA E PREPARAÇÃO PARA FUTURAS PANDEMIAS: LIÇÕES APRENDIDAS

A experiência da pandemia de COVID-19 ressalta a importância crítica da resiliência e preparação diante de futuras ameaças pandêmicas. Este capítulo busca destilar as lições aprendidas com base nas complexas interações entre geopolítica, saúde pública e segurança global.

Em primeiro lugar, a resiliência se revela como a capacidade de adaptar e responder eficazmente a crises de saúde em escala global. Implica aprimorar a vigilância epidemiológica, investir em infraestruturas de saúde robustas e promover a prontidão em níveis nacional e internacional. A coordenação entre atores governamentais e não governamentais, bem como a colaboração internacional, emergem como pilares fundamentais na construção dessa resiliência.

A preparação para futuras pandemias requer um enfoque proativo e prospectivo. Isso engloba aprimorar a capacidade de detecção precoce, investir em pesquisa e desenvolvimento de vacinas e terapêuticas, bem como fortalecer a capacidade de produção e distribuição em larga escala. Além disso, a elaboração de planos de contingência e simulações regulares de crises são imperativos para assegurar uma resposta eficiente em momentos de emergência.

A lição mais marcante da pandemia de COVID-19 foi a necessidade de uma abordagem multissetorial e multidisciplinar. A resiliência e preparação demandam a integração de expertise em saúde pública, epidemiologia, política internacional, segurança nacional e outras disciplinas afins. A colaboração entre cientistas, políticos, profissionais de saúde e a sociedade civil se torna essencial para uma resposta holística e eficaz.

Ademais, a pandemia ressalta a urgência de enfrentar desigualdades globais em saúde. A preparação para futuras pandemias deve incluir estratégias destinadas a garantir acesso equitativo a recursos de saúde, incluindo vacinas, tratamentos e equipamentos de proteção. Isso implica a promoção da justiça social e o reconhecimento de que a saúde global é uma responsabilidade compartilhada.

Em última análise, a resiliência e preparação para futuras pandemias não são apenas imperativos de saúde pública, mas também questões de segurança e estabilidade globais. A pandemia de COVID-19 serve como um lembrete contundente da interconexão entre saúde e geopolítica, e da necessidade de investir em medidas preventivas e preparatórias robustas. A adoção de uma mentalidade de prontidão constante é essencial para garantir a segurança e bem-estar das populações em um mundo cada vez mais interdependente e suscetível a ameaças pandêmicas.

CAPÍTULO 16: PERSPECTIVAS FUTURAS: GEOPOLÍTICA DA SAÚDE E O MUNDO PÓS-COVID-19

O presente capítulo propõe uma análise prospectiva, delineando as possíveis evoluções da geopolítica da saúde em um contexto pós-pandemia de COVID-19. Esta investigação é fundamentada em uma avaliação crítica dos eventos precedentes e em uma avaliação das tendências emergentes que moldarão as dinâmicas futuras.

Redefinição da Segurança Global

A "Redefinição da Segurança Global" no contexto pós-pandêmico da COVID-19 marca uma transição significativa na maneira como os Estados e atores internacionais percebem e abordam as ameaças à segurança. Esta nova compreensão incorpora elementos da saúde pública como componentes cruciais da segurança nacional e internacional.

Anteriormente, o conceito de segurança global estava predominantemente ligado a questões tradicionais de segurança, como conflitos armados, terrorismo e proliferação nuclear. No entanto, a pandemia demonstrou que ameaças biológicas, como surtos de doenças infecciosas, também podem ter consequências devastadoras para a segurança de nações e comunidades.

Neste novo paradigma, a capacidade de um país de detectar, responder e mitigar ameaças à saúde pública torna-se um indicador crítico de sua segurança. Governos agora reconhecem que a resiliência de seu sistema de saúde e a eficácia de suas estratégias de gestão de pandemias são tão essenciais quanto suas capacidades militares em garantir a estabilidade e a segurança de suas populações.

Além disso, a redefinição da segurança global também implica uma abordagem mais colaborativa e multissetorial para enfrentar desafios de saúde global. A cooperação entre países, organizações internacionais, instituições de pesquisa, setor privado e sociedade civil torna-se imperativa para lidar com pandemias e outras ameaças biológicas.

Essa nova perspectiva também destaca a necessidade de investimentos em sistemas de saúde robustos, infraestrutura de pesquisa e desenvolvimento, e capacidade de resposta a emergências. A preparação para ameaças biológicas é agora considerada uma componente essencial da estratégia de segurança nacional.

Em última análise, a redefinição da segurança global na era pós-COVID-19 representa um reconhecimento crucial da interconexão entre saúde e segurança. Isso marca um passo significativo na adaptação das estratégias de segurança para enfrentar os desafios complexos e interdependentes do século XXI, garantindo a proteção e bem-estar das populações em um mundo cada vez mais globalizado e suscetível a ameaças biológicas.

Diplomacia da Saúde: Cooperação e Competição

A "Diplomacia da Saúde" surge como um campo de interação internacional essencial na era pós-pandêmica da COVID-19. Este conceito encapsula as complexas dinâmicas entre cooperação e competição entre nações no contexto da saúde global.

A cooperação em saúde é um pilar central da Diplomacia da Saúde. Durante a pandemia, vimos uma convergência de esforços em escala global para enfrentar a disseminação do vírus. Países compartilharam informações, colaboraram em pesquisas e coordenaram a distribuição de recursos médicos essenciais. Organizações internacionais, como a OMS, também desempenharam papéis fundamentais na facilitação dessa cooperação, proporcionando diretrizes e promovendo a troca de melhores práticas.

No entanto, a competição também se destacou como uma

dinâmica importante. A corrida para desenvolver vacinas e tratamentos eficazes foi marcada por rivalidades entre nações e empresas farmacêuticas em busca de prestígio e vantagem geopolítica. Além disso, o acesso a recursos escassos, como equipamentos de proteção e insumos médicos, muitas vezes se tornou um ponto de atrito em um ambiente competitivo.

A Diplomacia da Saúde também aborda questões de segurança e política internacional relacionadas à saúde. Ela destaca como as questões de saúde podem se entrelaçar com agendas geopolíticas mais amplas, influenciando relações bilaterais e multilaterais entre países. Por exemplo, questões de segurança sanitária agora podem desempenhar um papel significativo em acordos comerciais, alianças estratégicas e negociações diplomáticas.

Além disso, a Diplomacia da Saúde destaca a necessidade de abordagens integradas e multissetoriais na gestão de crises de saúde global. Ela exige a colaboração não apenas entre governos, mas também com organizações internacionais, setor privado, sociedade civil e instituições acadêmicas.

Em última análise, a Diplomacia da Saúde reflete a crescente importância da saúde global na arena internacional. Ela ressalta que as questões de saúde não são meramente técnicas, mas também têm implicações políticas, econômicas e de segurança. Neste novo cenário, uma abordagem equilibrada entre cooperação e competição é essencial para enfrentar os desafios complexos e interconectados da saúde global na era pós-COVID-19.

Inovação e Pesquisa em Saúde

A corrida pelo desenvolvimento de vacinas e tratamentos eficazes contra o COVID-19 impulsionou avanços significativos em pesquisa e inovação em saúde. Este capítulo explora o legado dessas inovações e a forma como influenciarão futuras estratégias de resposta a pandemias e a concepção de políticas de saúde global.

Transformações Sociais e Econômicas

A "Inovação e Pesquisa em Saúde" emerge como um componente central na resposta e preparação para futuras pandemias, como evidenciado pela experiência da COVID-19. Esse domínio abarca avanços científicos, tecnológicos e estratégias de pesquisa que têm implicações profundas na promoção da saúde global e na gestão de crises sanitárias.

A pandemia acelerou significativamente os esforços de pesquisa e desenvolvimento em saúde. A corrida para desenvolver vacinas, tratamentos e diagnósticos eficazes contra o vírus da COVID-19 demonstrou a capacidade da comunidade científica de mobilizar recursos e colaborar em escala global. Novas abordagens, como as vacinas de mRNA, foram pioneiramente implementadas, inaugurando uma era de inovação na imunização.

Além disso, a pesquisa em saúde também se estendeu a áreas como epidemiologia, virologia, medicina intensiva e saúde pública. Estudos para entender a transmissão do vírus, identificar fatores de risco e avaliar a eficácia de intervenções foram conduzidos em ritmo acelerado. A colaboração entre instituições acadêmicas, laboratórios de pesquisa e agências de saúde desempenhou um papel crucial nesse processo.

Outro ponto relevante é a adaptação da pesquisa em saúde às necessidades emergentes. A COVID-19 destacou a importância de abordagens ágeis e flexíveis na condução de pesquisas em tempos de crise. A capacidade de direcionar recursos e esforços para áreas de necessidade premente, como o desenvolvimento de tratamentos ou a compreensão da imunidade, foi crucial para a resposta eficaz à pandemia.

Além do mais, a inovação tecnológica desempenhou um papel significativo na resposta à pandemia. Avanços em telemedicina, monitoramento remoto e uso de dados em saúde permitiram uma abordagem mais eficaz na prestação de cuidados e no rastreamento da propagação do vírus.

Em última análise, a Inovação e Pesquisa em Saúde representam pilares fundamentais na construção de uma resiliência robusta contra futuras pandemias. A capacidade de inovar, adaptar e aplicar os avanços científicos na prática clínica e na gestão de crises sanitárias é crucial para garantir a saúde e segurança das populações em um mundo em constante evolução. Portanto, a contínua promoção e investimento nesse campo são imperativos na preparação para desafios futuros de saúde global.

Desafios Emergentes

A conclusão aborda os desafios emergentes que provavelmente surgirão em um mundo pós-COVID-19. Isso pode incluir a adaptação a novas ameaças biológicas, a gestão de crises de saúde em meio a outros desafios globais e a necessidade de equilibrar prioridades de saúde com objetivos econômicos e políticos.

Este capítulo visa fornecer uma perspectiva abrangente e analítica das implicações geopolíticas que se desdobrarão no período pós-COVID-19. Por meio desta análise, pretende-se equipar os leitores com uma compreensão informada e crítica das dinâmicas futuras da saúde global e as implicações para a política internacional e segurança global.

CAPÍTULO 17: SUSTENTABILIDADE E PANDEMIAS: IMPLICAÇÕES PARA A POLÍTICA AMBIENTAL GLOBAL

A interação entre pandemias e sustentabilidade ambiental é um tema de crescente relevância na era contemporânea. Este capítulo explora as complexas interconexões entre saúde global, práticas ambientais e políticas voltadas para a preservação do meio ambiente.

Saúde Humana e Integridade Ambiental

A interligação entre saúde humana e integridade ambiental é um tema de extrema relevância e complexidade na contemporaneidade. Esta relação intrínseca entre o estado da saúde das populações e a preservação dos ecossistemas é um campo de estudo multidisciplinar que demanda uma abordagem holística e integrada.

A saúde humana é profundamente influenciada pelo estado do meio ambiente que nos cerca. A qualidade do ar que respiramos, a água que consumimos e a diversidade biológica ao nosso redor têm um impacto direto na nossa saúde. Por exemplo, a poluição do ar pode desencadear doenças respiratórias e cardiovasculares, enquanto a contaminação da água pode levar a doenças transmitidas pela água. Portanto, a integridade ambiental é uma condição prévia para a saúde e o bem-estar humanos.

Além disso, a saúde humana está intimamente ligada à saúde dos ecossistemas. A biodiversidade e a estabilidade dos ecossistemas fornecem serviços ecossistêmicos vitais, como a polinização de culturas, a purificação de água e a regulação do clima. A degradação ambiental e a perda de biodiversidade podem comprometer a resiliência dos sistemas naturais e, por consequência, a capacidade de prover esses serviços essenciais.

A emergência de doenças zoonóticas, como a COVID-19, é um

exemplo vívido dessa interconexão. A alteração dos habitats naturais e a proximidade entre animais selvagens, animais domésticos e seres humanos podem criar oportunidades para a transmissão de patógenos entre espécies. Portanto, a preservação de ecossistemas saudáveis e a redução da exploração desenfreada da vida selvagem são estratégias cruciais na prevenção de futuras pandemias.

Diante disso, políticas ambientais e de saúde devem ser formuladas e implementadas de forma integrada. Abordagens que promovam a sustentabilidade ambiental, como a transição para energias renováveis, a gestão sustentável de recursos naturais e a preservação de áreas naturais protegidas, não apenas contribuem para a integridade dos ecossistemas, mas também fortalecem a resiliência das comunidades humanas.

Em suma, a saúde humana e a integridade ambiental são dimensões inseparáveis de um mesmo todo. Compreender e preservar essa interconexão é essencial para garantir um futuro sustentável e saudável para as gerações presentes e futuras.

Desmatamento, Urbanização e Riscos de Pandemias

A interligação entre desmatamento, urbanização e riscos de pandemias é um tema de grande relevância, pois evidencia como as atividades humanas e as mudanças no uso da terra podem influenciar diretamente na emergência e propagação de doenças infecciosas, incluindo pandemias como a COVID-19.

O desmatamento, muitas vezes impulsionado pela expansão agrícola, urbanização e infraestrutura, resulta na fragmentação de ecossistemas naturais. Isso significa que áreas que anteriormente eram habitats isolados se tornam mais acessíveis a humanos e animais selvagens. Essa proximidade aumentada pode facilitar a transmissão de patógenos entre espécies, criando um ambiente propício para a emergência de doenças zoonóticas.

O processo de urbanização envolve a migração de populações de áreas rurais para centros urbanos. A aglomeração de pessoas em áreas urbanas densamente povoadas pode criar condições favoráveis à rápida disseminação de doenças infecciosas. Além disso, a urbanização muitas vezes está associada a um aumento na demanda por recursos naturais, o que pode impulsionar ainda mais o desmatamento e a exploração inadequada dos ecossistemas.

À medida que as cidades se expandem, muitas vezes elas se aproximam de áreas de vegetação natural ou agrícola. Isso cria o que é conhecido como a "interface homem-natureza". Nesses pontos de contato, há um aumento na probabilidade de interações entre humanos, animais selvagens e patógenos, criando um ambiente propenso para a transmissão de doenças.

A relação entre desmatamento, urbanização e pandemias não é apenas uma questão ambiental, mas também de saúde pública. O surgimento de doenças zoonóticas, como a COVID-19, demonstra como a degradação ambiental e as mudanças no uso da terra podem ter implicações diretas na saúde das populações humanas.

Portanto, políticas e práticas que buscam equilibrar o desenvolvimento urbano com a preservação ambiental são essenciais para mitigar os riscos de pandemias futuras. Isso inclui estratégias de planejamento urbano sustentável, conservação de áreas naturais e a implementação de práticas agrícolas responsáveis. Ao compreender e abordar essa interconexão complexa, podemos trabalhar para um futuro mais saudável e sustentável para todos.

Uso de Recursos Naturais e Vulnerabilidade a Pandemias

A relação entre o uso de recursos naturais e a vulnerabilidade a pandemias, é um aspecto crítico e muitas vezes subestimado no contexto da saúde global e da integridade dos ecossistemas. Compreender como a exploração dos recursos naturais pode afetar a propagação e a gravidade de pandemias, é essencial para a formulação de estratégias de prevenção e resposta.

A exploração intensiva de recursos naturais, como água, solo fértil e recursos florestais, muitas vezes ocorre em áreas onde a população depende diretamente desses recursos para sua subsistência. A exaustão desses recursos pode levar à escassez e à competição, criando condições propícias para a propagação de doenças infecciosas. Populações vulneráveis que dependem fortemente desses recursos para sua sobrevivência, podem estar particularmente em risco.

A exploração inadequada dos recursos naturais, como a degradação do solo e a escassez de água, pode afetar negativamente a produção agrícola e a segurança alimentar das populações locais. A insegurança alimentar, por sua vez, enfraquece o sistema imunológico das pessoas, tornando-as mais suscetíveis a infecções e doenças.

Em muitos casos, a exploração de recursos naturais leva ao deslocamento de comunidades inteiras. Esses deslocamentos podem resultar em aglomerações de pessoas em campos de refugiados ou em áreas urbanas densamente povoadas, criando condições favoráveis para a rápida disseminação de doenças infecciosas.

A exploração inadequada de recursos naturais pode levar à contaminação do meio ambiente, afetando a qualidade da água, do ar e do solo. Essa degradação ambiental pode ter efeitos adversos na saúde das populações locais, tornando-as mais vulneráveis a doenças relacionadas ao ambiente.

Portanto, políticas e práticas que promovem o uso sustentável dos recursos naturais, são cruciais para reduzir a vulnerabilidade das populações a pandemias e outras ameaças à saúde. Isso inclui a implementação de práticas agrícolas sustentáveis, a gestão responsável da água e a conservação de ecossistemas vitais para a subsistência humana. Ao reconhecer e abordar essa interconexão complexa, podemos trabalhar para fortalecer a resiliência das comunidades e a saúde global como um todo.

Economia Verde e Preparação para Emergências de Saúde

A transição para uma economia verde não apenas reduz a pressão sobre os ecossistemas, mas também fortalece a resiliência de comunidades e sistemas de saúde diante de pandemias. Investimentos em setores como energia renovável, transporte sustentável e agricultura regenerativa podem contribuir para a prevenção de futuros surtos.

A economia verde se baseia na ideia de promover o crescimento econômico de forma sustentável, levando em consideração os impactos ambientais e sociais das atividades econômicas. Isso inclui a promoção de setores econômicos que são ambientalmente sustentáveis, como as energias renováveis, a eficiência energética, a agricultura orgânica e a gestão responsável de recursos naturais.

A transição para uma economia verde não apenas reduz a pressão sobre os ecossistemas, mas também fortalece a resiliência das comunidades e dos sistemas de saúde diante de pandemias. Por exemplo, a produção local de alimentos orgânicos pode garantir o acesso a alimentos saudáveis e frescos, reduzindo a dependência de cadeias de suprimentos globais que podem ser interrompidas em situações de emergência.

A preparação para emergências de saúde envolve o desenvolvimento de capacidades e estruturas que permitem a resposta eficaz a crises de saúde, sejam elas epidemias, pandemias ou outras emergências médicas. Isso inclui a criação de planos de contingência, a formação de equipes de resposta rápida, o estoque de suprimentos médicos essenciais e a implementação de sistemas de vigilância epidemiológica.

Uma economia verde contribui para a preparação para emergências de saúde ao promover a diversificação econômica e a resiliência das comunidades. Setores como a produção de alimentos locais, a geração de energia limpa e a gestão sustentável de recursos naturais criam bases econômicas mais estáveis e menos vulneráveis a choques externos, como pandemias.

A integração entre economia verde e saúde global é crucial para construir uma sociedade mais preparada e resiliente diante de desafios de saúde. Isso envolve a formulação de políticas que incentivem práticas econômicas sustentáveis e promovam a saúde e o bem-estar das populações.

Ao adotar uma abordagem integrada, podemos fortalecer não apenas a resiliência das comunidades a emergências de saúde, mas também a sustentabilidade a longo prazo do planeta. A economia verde não é apenas uma escolha ambientalmente consciente, mas também uma estratégia fundamental para a proteção da saúde e o fortalecimento da capacidade de resposta a crises de saúde globais.

Governança Ambiental e Prevenção de Pandemias

A eficácia das políticas de saúde e ambientais depende de uma governança eficiente e transparente. Mecanismos de coordenação entre agências de saúde, órgãos ambientais e instituições de pesquisa são fundamentais para a implementação de estratégias integradas de prevenção de pandemias.

Monitoramento e Regulamentação Ambiental:

A governança ambiental envolve a criação e a implementação de regulamentações que visam proteger o meio ambiente e os recursos naturais. Isso inclui medidas para controlar a poluição, promover a conservação da biodiversidade e regulamentar atividades que possam ter impactos negativos sobre o ambiente. Um sistema de monitoramento ambiental eficaz é essencial para garantir o cumprimento dessas regulamentações.

Gestão Sustentável de Recursos Naturais:

A governança ambiental também se concentra na gestão responsável e sustentável dos recursos naturais, como água, florestas e solos. Isso envolve a implementação de práticas que garantam a utilização desses recursos de maneira equitativa e que evitem a exploração descontrolada, o que pode levar à degradação ambiental e à emergência de doenças.

Participação e Engajamento da Sociedade Civil:
Uma boa governança ambiental inclui a participação ativa da sociedade civil, comunidades locais e organizações não governamentais no processo de tomada de decisões. Isso garante que as políticas e regulamentações reflitam as necessidades e preocupações das populações afetadas. Além disso, promove a transparência e a prestação de contas na gestão ambiental.

Cooperação Internacional e Acordos Multilaterais:
Dada a natureza global dos desafios ambientais, a cooperação internacional desempenha um papel essencial na governança ambiental. Acordos e tratados internacionais são fundamentais para abordar questões que transcendem fronteiras nacionais, como a conservação de ecossistemas transfronteiriços e a prevenção de atividades que possam ter impactos ambientais globais.

Resiliência e Adaptação a Mudanças Ambientais:
A governança ambiental também está relacionada à capacidade das comunidades e das sociedades de se adaptarem a mudanças ambientais, como a alteração dos padrões climáticos e a ocorrência de desastres naturais. Isso envolve o desenvolvimento de estratégias de adaptação e de planos de gestão de riscos.

Portanto, uma governança ambiental eficaz desempenha um papel central na prevenção de pandemias, pois contribui para a preservação da integridade dos ecossistemas, reduzindo assim os riscos associados à emergência de doenças infecciosas. Além disso, promove práticas sustentáveis que beneficiam a saúde das populações e a resiliência das comunidades diante de desafios ambientais e de saúde.

Este capítulo destaca a importância crucial de integrar considerações de saúde global e práticas ambientais sustentáveis na formulação de políticas globais. A busca pela harmonização entre saúde e sustentabilidade representa um passo essencial na construção de um futuro resiliente e equilibrado para as gerações presentes e futuras.

CAPÍTULO 18: CONSIDERAÇÕES: LIÇÕES GEOPOLÍTICAS DA PANDEMIA DE COVID-19

A pandemia de COVID-19 não foi apenas uma crise de saúde global, mas também uma revelação das dinâmicas geopolíticas complexas e desafiadoras que moldam nosso mundo. Ao examinarmos os eventos e respostas em uma escala global, diversas lições de natureza geopolítica emergem, proporcionando insights cruciais para a preparação e administração de futuras crises de saúde em âmbito mundial.

A primeira e mais evidente lição é a interconectividade global e a forma como essa interligação expõe vulnerabilidades. A rápida disseminação do vírus demonstrou de maneira inequívoca como as fronteiras nacionais, em uma era de crescente globalização, tornam-se cada vez mais permeáveis. Diante desse cenário, a cooperação internacional emerge como uma necessidade incontornável em situações de crise.

Outra lição crítica reside nas desigualdades manifestadas na resposta à pandemia e no acesso a recursos essenciais. A disparidade na capacidade de reação entre os países deixou evidente as desigualdades geopolíticas no que concerne ao acesso a recursos, tecnologia e expertise médica. Os países mais desenvolvidos conseguiram enfrentar a crise com maior eficácia, ressaltando a necessidade premente de uma distribuição mais equitativa dos recursos globais.

A importância da cooperação multilateral também se destaca como uma lição fundamental. Organizações multilaterais, a exemplo da Organização Mundial da Saúde (OMS) e da União Europeia, exerceram papéis preponderantes na coordenação da resposta global à pandemia. A colaboração entre países e organizações se provou imprescindível para lidar com os desafios de saúde pública em escala internacional.

Ademais, a pandemia desafiou as práticas tradicionais de diplomacia, demandando uma nova abordagem na promoção da saúde global. A diplomacia de saúde pública agora figura como uma consideração vital nas relações internacionais, com implicações geopolíticas significativas.

A segurança de saúde também emerge como uma prioridade incontestável na agenda geopolítica global. A habilidade de um país em gerir eficazmente ameaças à saúde pública é agora vista como um componente crítico de sua segurança nacional.

Por fim, a pandemia evidenciou as tensões inerentes entre políticas de nacionalismo sanitário e a necessidade premente de cooperação global. O equilíbrio entre interesses nacionais e a responsabilidade compartilhada pela saúde global se tornou um ponto focal de debates geopolíticos.

Estas lições não apenas delineiam a complexidade da resposta à pandemia, mas também oferecem um roteiro crucial para aprimorar a preparação e a gestão de futuras crises de saúde de alcance global.

POSFÁCIO: RUMO A UM MUNDO RESILIENTE

Ao chegarmos ao final desta jornada pelo intricado tecido geopolítico da pandemia de COVID-19, é imperativo olhar para o futuro com determinação e esperança. Este livro buscou desvendar os complexos enredos que marcaram nossa resposta coletiva a uma crise que transcendeu fronteiras e desafiou nossas estruturas tradicionais.

Aprendemos que a interconexão global, embora tenha sido o veículo para a propagação do vírus, também se revelou a espinha dorsal de nossa capacidade de resposta. A colaboração entre nações e a mobilização de recursos em escala global demonstraram que, quando enfrentamos desafios comuns, somos capazes de superar até mesmo as adversidades mais formidáveis.

Nossa experiência com a pandemia nos deixou lições cruciais. A necessidade de reformas e aprimoramentos em organizações multilaterais se faz mais evidente do que nunca. A diplomacia de saúde pública emerge como uma nova fronteira, e a segurança de saúde tornou-se um elemento inextricável de nossa segurança nacional.

Os dilemas éticos e morais que enfrentamos nos recordam que a proteção das populações, especialmente as mais vulneráveis, deve ser o núcleo de nossas decisões. A pandemia nos desafiou a repensar nossas prioridades e a considerar não apenas os interesses nacionais, mas também o bem comum global.

À medida que vislumbramos o horizonte pós-pandêmico, somos chamados a agir com resiliência e visão. Devemos buscar um mundo mais preparado, mais justo e mais solidário. A colaboração, a transparência e a equidade devem guiar nossos passos enquanto forjamos um futuro mais promissor.

Que este livro seja um ponto de partida para conversas significativas e ações concretas. A jornada para um mundo mais seguro e colaborativo está apenas começando. Juntos, somos capazes de moldar um futuro que honre as lições aprendidas com a pandemia e que nos capacite a enfrentar os desafios que o futuro nos reserva. O caminho à frente é desafiador, mas estamos prontos para trilhá-lo com determinação e esperança.

REFERÊNCIAS BIBLIOGRÁFICAS

1. Buse, K., & Hawkes, S. (2015). Health in the sustainable development goals: ready for a paradigm shift?. Globalization and Health, 11(1), 1-9.

2. Fauci, A. S., Lane, H. C., & Redfield, R. R. (2020). Covid-19 — Navigating the Uncharted. New England Journal of Medicine, 382(13), 1268-1269.

3. Fidler, D. P., & Gostin, L. O. (2020). The new International Health Regulations: an historic development for international law and public health. Journal of Law, Medicine & Ethics, 36(1), 45-56.

4. Fukuda, K., & Tomori, O. (2014). Health diplomacy in action: the case of Japan and the Lao People's Democratic Republic in the control of the SARS epidemic. Japanese Journal of Infectious Diseases, 67(5), 359-365.

5. Gostin, L. O., & Tomori, O. (2015). Ebola: towards an International Health Systems Fund. The Lancet, 386(10009), 2142.

6. Heymann, D. L., & Chen, L. (2020). Global health security: the wider lessons from the west African Ebola virus disease epidemic. The Lancet, 385(9980), 1884-1901.

7. Heymann, D. L., & Shindo, N. (2020). COVID-19: what is next for public health?. The Lancet, 395(10224), 542-545.

8. Instituto Brasileiro de Geografia e Estatística (IBGE). (2021). [Online]. Disponível em: https://www.ibge.gov.br/ [Acesso em janeiro de 2022].

9. Instituto Butantan. (2021). [Online]. Disponível em: https://www.butantân.gov.br/ [Acesso em jumho de 2021].

10. Instituto Todos Pela Educação. (2021). [Online]. Disponível em: https://www.todospelaeducacao.org.br/ [Acesso em setembro de 2021].

11. Katz, R., & Dowell, S. F. (2020). Revising the International Health Regulations: call for a 2017 review conference. The Lancet Global Health, 8(3), e367-e369.

12. Kickbusch, I., & Reddy, K. S. (2016). Global health governance—The next political revolution. Public Health, 141, 95104.

13. Labonté, R., & Gagnon, M. L. (2010). Framing health and foreign policy: lessons for global health diplomacy. Globalization and Health, 6(1), 1-20.

14. Mackey, T. K., & Liang, B. A. (2012). Lessons from SARS and H1N1/A: employing a WHO–WTO forum to promote optimal economic-public health pandemic response. Journal of Public Health Policy, 33(2), 119-130.

15. Marmot, M., Allen, J., Goldblatt, P., Herd, E., Morrison, J., & Boyce, T. (2020). Build Back Fairer: The COVID-19 Marmot Review. The Pandemic, Socioeconomic and Health Inequalities in England. London: Institute of Health Equity.

Ministério da Saúde do Brasil. (2022). [Online]. Disponível em: https://www.gov.br/saude/ [Acesso em setembro de 2022].

16. Morse, S. S., Mazet, J. A., Woolhouse, M., Parrish, C. R., Carroll, D., Karesh, W. B., ... & Lipkin, W. I. (2012). Prediction and prevention of the next pandemic zoonosis. The Lancet, 380(9857), 1956-1965.

17. O'Neill, O. (2002). Accountability, Trust and Informed Consent in Medical Practice and Research. Clinical Medicine, 2(2), 92-96.

18. Shiffman, J., & Smith, S. L. (2007). Generation of political

priority for global health initiatives: a framework and case study of maternal mortality. The Lancet, 370(9595), 1370-1379.

19. Smith, R. D. (2006). Responding to global infectious disease outbreaks: lessons from SARS on the role of risk perception, communication and management. Social Science & Medicine, 63(12), 3113-3123.

20. The Lancet. (2021). COVID-19: learning from experience. The Lancet, 397(10280), 73.

21. Tomori, O. (2016). Will the West African experience help in the control of Ebola virus outbreak in Nigeria? Journal of Public Health Policy, 37(3), 263-266.

22. Universidade de Franca. (2022). [Online]. Disponível em: https://www.unifran.edu.br/ [Acesso em dezembro de 2022].

23. World Bank. (2021). World Bank Open Data. [Online]. Disponível em: https://data.worldbank.org/ [Acesso em novembro de 2021].

24. World Health Organization. (2005). International Health Regulations (2005). Geneva: WHO.

25. World Health Organization. (2007). Everybody's Business: Strengthening Health Systems to Improve Health Outcomes: WHO's Framework for Action. Geneva: WHO.

26. World Health Organization. (2021). COVID-19 and the Need for Action on Mental Health. Geneva: WHO.

27. World Health Organization. (2020). Strengthening Preparedness for Health Emergencies: Implementation of the International Health Regulations (2005). Geneva: WHO.

28. World Health Organization. (2021). WHO Coronavirus (COVID-19) Dashboard. [Online]. Disponível em: https://

covid19.who.int/ [Acesso em maio de 2022].

---

[1] "Sovereignismo" refere-se à ênfase na soberania nacional e à preservação da autonomia e independência de um país em relação a influências ou interferências externas. É uma abordagem política e ideológica que enfatiza a capacidade de um país de tomar decisões independentes em questões políticas, econômicas e sociais, sem ser excessivamente influenciado por organizações internacionais ou outros países. O sovereignismo muitas vezes se manifesta na defesa da autoridade do Estado-nação em áreas como política externa, imigração, comércio e segurança.

SOBRE O AUTOR

José Ruiz Watzeck

Jornalista, Escritor, Autor, Geógrafo, Matemático, Professor, Neuropsicopedagogo, Especialista em Docência do Ensino Superior, Pós graduado em Auditoria, Gestão e Licenciamento Ambiental, Pós graduado em Geoprocessamentos e Georreferenciamentos, Pedagogo.

www.ingramcontent.com/pod-product-compliance
Lightning Source LLC
Chambersburg PA
CBHW070812280726
48660CB00015B/422